내 채무 좀 해결해 주세요

내 채무 좀 해결해 주세요

개인파산, 개인회생, 신용회복 한 권으로 끝내기

양정수 지음

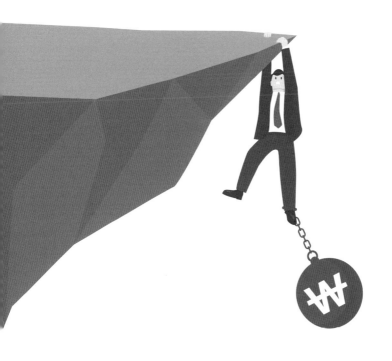

좋은땅

머리말

　채무가 없는 사람은 별로 없을 것입니다. 많은 사람들이 여러 가지 이유로 빚을 집니다. 그 빚으로 꿈을 이루는 사람이 있는가 하면 빚 때문에 고통스러워하는 사람도 있습니다. 그 고통은 자기뿐만 아니라 가족에게도 전가됩니다. 그러므로 빚은 우리 사회의 어두운 그림자와도 같습니다.

　채무자가 정상적인 경제활동을 할 수 있도록 채무자를 구제할 수 있는 많은 법적 제도가 마련되어 있습니다. 하지만 많은 사람들이 그러한 제도를 잘 모르거나 오해하여 제대로 활용하지 못하고 있습니다. 빚을 갚으려고 계속 돌려막기를 하다 보니 쓸 돈은 없고 빚은 더욱 쌓여만 갑니다.

　이 책은 빚에서 벗어나 빛을 향해 나아가도록 여러 가지 채무조정제도를 실무 위주로 상세히 기록하였습니다. 빚은 죄가 아니며 부끄러운 것도 아닙니다. 열심히 살아온 흔적의 일부일 뿐입니다. 이 책을 읽고 많은 사람들이 자신에게 맞는 채무조정제도를 찾아서 속히 빚의 고통에서 벗어나기를 바랍니다.

목차

머리말   005

1장. 개인파산제도

1. 개인파산의 기본 개념   012

2. 개인파산의 신청자격요건   013

3. 개인파산과 재산   017

4. 개인파산절차   025

5. 면책   028

6. 파산범죄   036

7. 개인파산신청서류   041

2장. 개인회생제도

1. 개인회생의 개념   058

2. 개인회생의 신청자격   059

3. 개인회생 신청서류   064

4. 개인회생 신청효과   065

5. 개인회생 절차   068

6. 개인회생과 소득   070

7. 개인회생과 재산   073

8. 부양가족 기준   077

9. 변제금 산정   079

10. 채권자 목록   087

11. 별제권   090

12. 개인회생 인가와 면책   093

13. 개인회생 기각, 폐지   095

3장. 신용회복위원회 채무조정제도

1. 신용회복위원회는 어떤 곳인가요?   100

2. 채무조정 대상   100

3. 채무조정 신청   103

4. 채무조정 신청효과   104

5. 상환과 상환유예   106

6. 신속 채무조정과 프리워크아웃   108

7. 개인워크아웃 신청   111

8. 개인워크아웃 변제금 산정   116

4장. 채무조정제도 비교

1. 소득기준   122

2. 채무조정 결정기관   122

3. 신청자격과 연체   122

4. 신청서류   123

5. 추심중단시기   124

6. 조정 대상 채무   125

7. 채무조정 한도   125

8. 변제 기간   126

9. 채무 감면율   126

10. 부양가족   127

11. 배우자의 재산 반영   128

12. 자동차 소유   128

13. 재산의 취득과 처분   129

14. 보증 채무   129

15. 담보 채무   130

16. 체납세금 처리   131

17. 보증기관 채무   131

18. 구상권 채무   132

19. 사행성 채무   133

20. 채권자 누락   133

21. 연체 정보   134

22. 공공 정보   134

23. 재신청 횟수   135

24. 압류의 해제   135

5장. 추심과 강제집행

1. 가압류   138

2. 집행권원   141

3. 재산명시와 재산조회   144

4. 채무불이행자 등록   146

5. 통장 압류   147

6. 급여 압류   149

7. 보험금 압류   151

8. 연금 압류   152

9. 임차보증금 압류   153

10. 압류금지 재산 및 채권   154

11. 추심대응 방안   157

12. 경매대응 방안   161

13. 연체관리   166

14. 채권과 채무의 상속   169

15. 채권소멸시효   170

16. 자동차 처분   172

17. 보증 채무   174

18. 물적담보   175

19. 채권자 변동   176

20. 벌금   178

1장

개인파산제도

1. 개인파산의 기본 개념

개인파산면책제도란 무엇인가요?

자신의 모든 재산으로도 채무를 변제할 수 없을 때 채무를 정리하기 위해 파산을 신청하고, 파산절차를 통해 변제되지 못한 채무는 면책을 구하는 법적 제도입니다. 개인파산면책제도의 목적은 모든 채권자가 평등하게 채권을 변제받도록 보장함과 동시에 채무자에게 면책절차를 통하여 남아 있는 채무에 대한 변제 책임을 면제하여 경제적으로 재기 및 갱생할수 있는 기회를 부여하는 것입니다. 낭비 또는 사기행위 등으로 파산에 이른 경우에는 면책이 허가되지 않습니다.

면책이란 무엇인가요?

채무자가 파산선고를 받은 후 채권자는 파산절차에 의해 채무자의 재산을 배당 받게 됩니다. 그러나 배당받지 못한 나머지 채무는 법원의 결정으로 채무자의 변제책임을 면제하는데 이것을 면책이라고 합니다.

면책은 언제 신청하나요?

면책신청은 파산신청과 동시에 할 수 있기 때문에 대부분은 파산신청과 면책신청을 같이 합니다. 그래서 채무자가 파산신청을 한 경우에는 반대의 의사표시를 하지 않는 한 파산신청과 동시에 면책신청을 한 것으로 간주합니다. 파산 사건번호는 '하단'으로 표기되고 면책 사건번호는 '하면'으로 표기됩니다.

내 채무 좀 해결해 주세요

개인파산을 무료로 진행할 수 있나요?

법률구조공단이나 신용회복위원회를 통해 파산을 신청하면 무료로 진행할 수 있습니다. 본인이 소송구조 대상인지는 법률구조공단에 문의하면 됩니다. 가구원의 소득과 건강보험료를 파악하고서 문의하기 바랍니다. 본인이 소송구조 대상이라면 개인파산 서류를 준비하여 법률구조공단에 제출하면 됩니다.

2. 개인파산의 신청자격요건

개인파산신청의 자격요건이 있나요?

① 채무가 재산보다 많아야 합니다.

② 소득이 최저생계비 이하여야 합니다.

③ 지급불능 상태여야 합니다.

④ 면책불허가 사유가 없어야 합니다.

⑤ 파산 면책을 받은 지 7년, 개인회생 면책을 받은 지 5년이 경과해야 합니다.

파산에는 금액 제한이 있나요?

파산에는 상한 금액과 하한 금액이 없습니다. 단, 채무 원금이 1,000만 원 이하의 소액인 경우에 신청자가 어느 정도 갚을 수 있다고 판단되면 기각 결정이 날 수 있습니다. 하지만 소액이더라도 신청자가 심각한 장애가 있거나 아주 고령인 경우여서 상환이 힘들다고 판단되면 면책받을 수 있습니다.

어떤 경우에 지급불능으로 인정받을 수 있나요?

지급불능으로 인정받으려면 채무자의 연령, 직업, 기술, 건강, 재산, 채무의 규모 등을 종합적으로 고려해서 채무자의 재산, 노동력, 신용으로 채무를 변제하는 것이 계속적으로 불가능하다고 객관적으로 판단되어야 합니다. 지불불능이 일시적이 아닌 계속적인 상태에 있어야 합니다. 법원에 파산신청할 때 지급불능 시점도 기재해야 합니다. 정말 필요한 경우가 아니고서는 지불불능 시점 이후에 대출이 있어서는 안 됩니다.

최저생계비는 어떻게 산정하나요?

최저생계비란, 사람이 건강하고 문화적인 생활을 유지하는 데 필요한 최소한도의 비용을 말합니다. 최저생계비는 기준 중위소득의 60%로 산정하고 있습니다. 기준 중위소득이란 대한민국 국민 가구소득의 중간값이라고 할 수 있습니다. 우리나라 모든 가구를 소득순으로 한 줄로 세울 경우 가장 중간 가구의 소득을 기준 중위소득이라고 부릅니다. 이 기준 중위소득의 60%에 해당하는 금액이 최저생계비입니다.

2024년 기준중위소득과 최저생계비는 다음과 같습니다.

가구원 수	기준중위소득(원)	최저생계비(원) (중위소득의 60%)
1명	2,228,445	1,337,067
2명	3,682,609	2,209,565

내 채무 좀 해결해 주세요

3명	4,714,657	2,828,794
4명	5,729,913	3,437,948
5명	6,695,735	4,017,441

파산신청할 때 부양가족은 어떻게 산정하나요?

신청인 본인은 부양가족에 포함됩니다. 미성년 자녀도 부양가족에 포함됩니다. 배우자는 원칙적으로 부양가족에 포함이 안 됩니다. 그러나 배우자가 장애가 있거나, 심각한 질병에 걸렸거나, 장애 가족을 돌봐야 하는 사유 등으로 경제활동이 힘들다는 사실을 입증한다면 부양가족에 포함될 수 있습니다. 성년 자녀일지라도 장애가 있거나 심각한 질병 등으로 신청인이 돌봐야 할 상황이라면 부양가족에 포함될 수 있습니다. 부모님은 신청인과 동거 여부, 연령, 소득, 재산, 신청인 외 다른 자녀가 있는지 등을 고려하여 부양가족에 포함되는지를 결정하는데 포함이 안 되는 경우가 많습니다.

가족의 수입이 영향을 미치나요?

파산을 신청할 정도라면 본인과 가족의 수입을 합하더라도 최저생계비 이하일 것입니다. 따라서 수입은 모두 지출하여 잉여금이 거의 없을 것입니다. 법원에서는 배우자 수입 등을 고려하여 생계비 일부를 희생하고 채무의 일부를 변제하는 개인회생을 신청하도록 권고하기도 합니다.

폐업하고 가족 명의로 사업자등록을 한 후 파산을 신청해도 되나요?

내 명의의 가게를 폐업하면서 가족 명의로 동일한 업종의 가게를 개업하는 경우, 기존의 영업 재산과 거래처가 그대로 넘어가기 때문에 재산 은닉으로 판단하여 면책 불허가 결정이 날 가능성이 높습니다.

사업자 명의를 빌려주면 처벌받나요?

조세의 회피 또는 강제집행 면탈을 목적으로 타인 명의로 사업자등록을 하거나 타인 명의의 사업자등록을 이용하여 사업을 영위한 사람은 2년 이하의 징역 또는 2,000만 원 이하의 벌금에 처합니다.

조세의 회피 또는 강제집행의 면탈을 목적으로 자신의 명의를 타인에게 빌려주어 사업자등록을 하도록 허락하거나 자신 명의의 사업자등록을 타인이 이용하여 사업을 영위하도록 허락한 사람은 1년 이하의 징역 또는 1,000만 원 이하의 벌금에 처합니다. 단, 조건이 조세의 회피, 강제집행의 면탈 목적이라는 주관적 요건에 해당되어야 합니다.

직장을 다녀도 파산신청이 가능한가요?

직장을 다녀도 파산신청은 가능합니다. 신청인의 수입이 신청인을 포함한 부양가족 수에 따른 최저생계비에 미치지 못한다면 신청은 가능합니다.

부동산이 경매 중인데 파산을 신청할 수 있나요?

경매가 진행 중이라도 파산 자격요건이 된다면 파산신청은 가능합니다. 그러나 경매에 들어간 부동산이 환가 및 배당 절차가 마무리되어야 하므로 면책을 받을 때까지 시간이 더 소요될 수 있습니다.

내 채무 좀 해결해 주세요

파산 진행 중에 개인회생을 신청할 수 있나요?

파산신청자도 개인회생을 신청할 수 있습니다. 개인회생 개시결정이 내려지면 파산절차는 자동으로 중지되고 중지된 파산절차는 개인회생 인가결정이 나면 실효됩니다.

3. 개인파산과 재산

파산재단이란 무엇인가요?

파산재단이란, 파산절차에 있어서 배당으로 파산 채권자에게 변제해야 할 파산자의 재산을 말합니다. 구체적으로 설명하면 파산관재인이 점유, 관리하여 환가한 총 재산에서 별제권 등 담보채권의 변제를 마치고 남은 재산을 말합니다. 압류금지 재산 및 면제재산 신청을 해서 면책결정을 받은 재산은 파산재단에 속하지 않습니다.

파산신청 시 어떤 재산을 신고해야 하나요?

① 예금: 정기예금, 적금, 주택부금 등 예금의 종류를 불문하고 모두 기재해야 합니다. 잔고가 없더라도 0원으로 기재해야 합니다.

② 부동산: 부동산은 토지, 건물, 집합건물 등을 말합니다. 타인에게 명의만 빌려주어 소유자로 등록되어 있거나, 타인에게 넘겨주었으나 아직 명의가 남아 있는 경우에도 반드시 기재합니다. 부동산에 근저당권, 전세권, 확정일자가 있는 임차인, 가등기담보, 양도담보 등의 담보권이 있는

경우에 담보한 채권의 현재액을 원금과 이자 모두 합산하여 기재합니다.

부동산등기부등본 및 시가증명자료를 첨부합니다. 시가증명자료는 부동산 중개업자의 확인서, 재산세 과세증명, 개별공시지가 확인서를 첨부합니다. 아파트의 경우 인터넷 부동산 사이트에서 시가 부분을 출력하여 첨부합니다. 담보권이 있는 경우 담보권자의 잔액증명서를 첨부합니다. 확정일자를 받은 임차인이 있는 경우 임대차계약서 사본을 첨부합니다.

가압류, 압류가 있거나 경매가 진행 중일 경우 그 내용을 기재합니다. 경매의 진행 상태를 알 수 있는 자료나 배당이 완료된 경우에는 배당표를 제출합니다.

③ 자동차: 본인 명의 자동차나 오토바이를 기재합니다. 타인에게 명의만 빌려준 경우, 폐차했으나 명의가 그대로 남아 있는 경우, 타인에게 넘겨주었으나 아직 본인 소유로 되어 있는 경우에도 모두 기재합니다. 자동차에 근저당권, 가등기담보, 양도담보 등의 담보권이 있는 경우에 담보한 채권의 현재액을 원금과 이자를 합산하여 기재합니다. 자동차등록원부와 시가증명자료를 첨부합니다. 시가증명자료는 인터넷 중고차 사이트에서 동일 차종, 비슷한 연식, 비슷한 주행거리의 시세 자료를 출력하여 첨부합니다.

④ 보험: 현재 유지되고 있는 보험 가운데 파산신청자가 보험계약자인 경우만 기재합니다. 파산신청자가 피보험자이거나 수익자인 경우에는 기재하지 않습니다. 각 보험의 예상해약환급금을 기재하는데 약관대출이 있는 경우 이를 공제한 예상해약환급금을 기재합니다. 해약환급금이 없는 경우에는 0원으로 기재합니다.

⑤ 임차보증금: 임차보증금의 반환예상액을 기재해야 합니다. 권리금

이 있다면 권리금도 기재합니다. 임차인이 배우자 명의로 되어 있더라도 임차보증금이 배우자의 돈이라는 것을 밝히지 못한다면 임차보증금의 절반은 파산신청인의 재산으로 간주될 수 있습니다.

⑥ 대여금, 구상금, 손해배상금: 신청인이 돈을 빌려주고 아직 회수하지 않았거나 못한 경우 그 내역을 기재합니다. 회수하기 어려운 경우에는 사유를 적습니다.

⑦ 매출금: 개인 사업을 한 경험이 있는 경우 회수하지 못한 미수금을 기재합니다.

⑧ 퇴직금: 퇴직하는 경우 지급 받을 수 있는 퇴직금 예상액을 기재합니다. 퇴직금을 담보로 대출 받은 경우 퇴직금 예상액은 담보액을 공제한 실제 수령액을 기재합니다. 실제 수령할 금액이 적거나 없더라도 기재해야 합니다.

⑨ 재산적 가치가 있는 주식, 회원권, 특허권, 미술품 등을 기재합니다.

파산신고 전에 변동된 재산도 신고해야 하나요?
----

① 지급 불가능 시점 기준으로 1년 전부터 현재까지 처분한 재산 가운데 1,000만 원 이상은 신고해야 합니다. 그리고 증빙서류로 부동산등기부등본, 계약서 사본, 영수증 사본, 배당표 등을 첨부합니다. 재산의 처분이란, 재산을 매매하거나 증여한 것뿐만 아니라 보험, 정기예금, 적금을 해약하거나 퇴직금을 수령하는 것 등을 모두 포함합니다. 부동산을 처분한 경우에는 처분가액이 1,000만 원 이하인 경우에도 기재해야 합니다.

② 최근 2년 내 주거 이전에 따른 임차보증금을 수령한 사실이 있는 경우 신고해야 합니다. 그리고 증빙서류로 임대차 계약서 사본, 전 임대인

확인서, 보증금의 사용처를 소명하는 자료를 첨부합니다. 처분 시기, 수령한 보증금 액수, 보증금의 사용처를 상세히 입력해야 합니다.

③ 최근 2년 내에 이혼에 따른 재산분할 사실이 있는 경우 신고해야 합니다. 분할 재산, 재산 분할 시기, 재산 가치를 기재하고 이를 소명할 부동산등기부등본을 첨부합니다. 최근 2년간 처분한 분할재산이 1,000만 원 이상인 경우 그 재산 현황을 기재해야 합니다.

④ 친족 사망으로 상속한 사실을 신고합니다. 상속 시기와 상속받은 사람을 기재합니다. 상속인이 상속을 포기하였거나 상속재산분할로 다른 상속인이 모두 취득한 경우, 다른 상속인이 주된 상속재산을 취득하였다는 사실을 증명하는 자료를 첨부합니다. 신청인이 전부 또는 일부를 상속한 경우, 상속된 주된 재산을 이미 처분했다면 처분 경과와 처분 대가의 사용처를 상세히 기재해야 합니다.

파산신청 전에 재산을 정리해서 채무를 상환해도 되나요?

파산신청 전에 재산을 정리해서 채권자에게 배당하는 일은 하지 않는 것이 좋습니다. 자칫 편파변제가 되어 면책을 받지 못할 수도 있습니다. 재산이 있다면 그 상태로 파산신청을 하여 파산관재인이 채권자에게 공평하게 배당하도록 해야 합니다. 자영업을 하고 있는 상태에서 파산신청을 하는 경우에도 임차보증금, 권리금, 설비, 비품 등을 임의대로 처분하지 말고 파산관재인이 채권자에게 공평하게 배당하도록 해야 합니다.

이혼으로 재산 분할한 배우자 재산도 채권자에게 배당해야 하나요?

대법원은 이혼으로 인한 재산분할청구권은 당사자의 자유로운 의사결정에 전적으로 맡겨진 권리로서 행사상의 일신전속성(법률에서 특정한 자에게만 귀속하며 타인에게는 양도되지 않는 속성)을 가지므로, 채권자 대위권(채권자가 자기의 채권을 보전하기 위하여 자기 채무자에게 속하는 권리를 대신 행사할 수 있는 권리)의 목적이 될 수 없고 파산재단에도 속하지 않는다고 판단하였습니다. 따라서 일반적으로 이혼에 따른 재산 분할은 부인권의 대상이 되지는 않습니다.

그러나 채권자들로부터 강제집행을 피하려고 이혼하면서 배우자에게 재산을 허위 양도하였거나 재산분할을 구실로 재산을 처분했다고 인정할 만한 정황이 있다면 부인권의 대상이 되어 파산재단에 포함될 수도 있습니다.

파산재단에 배우자 재산도 포함되나요?

일반적으로 다음과 같이 파산신청인의 배우자 재산의 절반이 파산재단에 포함됩니다. 단, 배우자의 고유재산으로 인정받으면 포함되지 않습니다.

① 부동산(아파트, 주택): (매매시세 - 담보대출금 - 임차보증금) × 50%

② 부동산(토지, 거래시세가 없는 경우): (공시지가의 약 1.5배 정도 - 담보대출금) × 50%

③ 자동차: (차량시세 - 담보대출금) × 50%

④ 전세금: 전세금 × 50%

⑤ 예금: 예금 잔고 × 50%

⑥ 보험: 해약(예상)환급금 × 50%

⑦ 퇴직금: 퇴직금 × 50%

파산할 때 자녀의 재산이 영향을 미치나요?

원칙적으로 부모와 자녀의 재산은 별개이므로 자녀가 그 재산 형성과 정에서 자신의 노력으로 재산을 형성했다면 문제가 없습니다. 다만, 파산 신청을 한 채무자의 재산이 자녀의 재산형성에 도움을 주었다면 재산 은닉 여부를 조사하여 청산에 고려해야 하며 상황에 따라 면책불허가가 날 수도 있습니다.

어떤 경우에 배우자의 고유재산으로 인정받을 수 있나요?

배우자가 결혼 전에 이미 가지고 있는 재산인 경우, 배우자가 상속을 받아 가지고 있는 경우, 배우자의 노력만으로 재산을 형성한 경우에는 배우자의 고유재산으로 인정받을 수 있습니다. 그러나 법원에서는 위의 사항에 해당하는지 알 수 없으므로 당사자가 입증해야 합니다.

자동차가 있는 경우에도 파산신청이 가능한가요?

자동차를 소유한 경우에도 파산신청이 가능합니다. 파산을 신청할 때 차량 시세를 확인할 수 있는 자료를 제출합니다. SK엔카와 같은 인터넷 중고차 매매 사이트에서 동일 차종, 비슷한 연식, 비슷한 주행 거리에 해당하는 차량을 찾아서 그 차량의 시세를 출력하여 제출하거나 차량가액이 표시된 보험증권을 제출합니다. 차량 시세에서 저당권이 설정된 채무를 제외한 금액이 신청인의 재산이 됩니다.

파산관재인은 자동차의 점유를 이전 받아서 중고매매상을 통해 차를 처분하기도 합니다. 아니면 신청인이 직접 처분하여 처분한 금액을 입금하도록 하거나, 신청인이 돈을 마련하여 입금하라고 요청하기도 합니다. 그러나 차의 시세가 100만 원 정도의 소액이거나 장애인을 태우고 다녀야 하는 등 꼭 필요한 경우라면 환가하지 않고 면책되는 경우도 있습니다.

퇴직금은 전액 파산재단에 포함되나요?

퇴직금도 파산신고 전에 생성된 재산으로 보며 장래 행사할 수 있는 청구권에 해당합니다. 일반 퇴직금은 절반이 파산재단에 포함되어 채권자에게 배당됩니다. 그러나 퇴직연금은 전액 파산재단에서 제외됩니다. 파산선고 전에 퇴직하여 퇴직금을 현금으로 수령했다면 문제가 될 수 있습니다. 어디에 사용했는지 소명해야 합니다. 그리고 퇴직금을 편파변제에 사용했다면 환수될 수 있습니다.

파산선고 후 취득하는 재산은 어떻게 되나요?

파산선고 후에 새로 취득한 재산은 파산재단에 포함되지 않으므로 채권자에게 배당하지 않습니다.

파산신청 전에 보험을 해약하는 것이 좋은가요?

파산을 신청한다는 것은 최저생계비 이하로 생활하고 있다는 의미이므로 과다하게 보험료를 지급하는 것은 바람직하지 못합니다. 그래서 꼭 필요한 보험이 아닌 이상 해약을 하는 것이 좋습니다. 그러나 보험 해약 후 보험해약금을 수령하고 사용처를 제대로 소명하지 못하면 환가되거나 재산 은닉으로 볼 수 있으니 사용처를 명확히 소명할 수 있어야 합니다. 보험료가 과다하지 않으며 꼭 필요한 보험은 유지해도 괜찮습니다.

보험해약환급금은 얼마까지 환수되나요?

보험해약환급금이 150만 원을 초과하는 금액은 환수될 수 있습니다.

폐업 후 반환 받은 보증금의 사용처를 확인하나요?

최근에 폐업한 경우라면 반환 받은 보증금, 가게를 넘겨주면서 받은 권리금, 설비나 비품을 처분한 금액 등을 어떻게 사용했는지 소명하라고 할 수 있습니다. 처분한 돈으로 지인 채무만 갚았다면 환가되거나 면책을 받지 못할 수도 있습니다. 생활비 등으로 사용했다면 소명하면 됩니다. 만약 그 돈을 세금, 밀린 직원 임금, 퇴직금으로 우선 사용했다면 문제될 것은 없습니다.

파산재단에 포함되지 않는 면제재산에는 어떤 것이 있나요?

채무자나 피부양자가 주거용으로 사용하고 있는 건물의 임차보증금 중 일부는 면제재산으로 인정받을 수 있습니다. 그러나 인정받을 수 있는 금액이 지역마다 다릅니다. 채무자 및 부양가족의 생활에 필요한 6개월분의 생계비에 사용할 특정 재산으로서 일정 부분은 면제재산으로 인정받을 수 있습니다. 유체동산에 압류가 들어오면 가전제품에 빨간딱지가 붙게 되는데 압류 딱지가 붙은 재산에 대해 면제재산을 신청하고 중지명령을 신청하면, 유체동산 경매를 막을 수 있습니다.

면제재산으로 인정받기 위해서는 적극적으로 소명자료를 갖추어 면제재산임을 입증해야 합니다. 파산선고 후 14일 이내에 면제재산목록 및 소명에 필요한 자료를 첨부하여 서면으로 제출해야 합니다.

파산신청을 하면 압류 등이 금지되나요?

개인파산의 경우 채권자의 압류 등 강제집행과 같은 추심행위는 개인 파산신청 시에 금지되지 않습니다. 파산신청 후 약 3~4개월 후에 파산선고가 나야 금지됩니다. 파산선고 후에는 채권자의 새로운 압류 등 강제집행이나 보전처분은 허용되지 않습니다. 파산신고 전에 채권자가 한 강제집행, 가압류 처분 등은 파산선고가 나면 효력을 잃습니다. 그러나 현실적으로 파산신청을 하고 사건번호가 나오면 채권자는 추심행위를 거의 하지 않습니다. 채권자가 파산신고 전에 한 압류 등 강제집행을 중지시키려면 파산신청을 하면서 중지명령도 신청해야 합니다.

4. 개인파산절차

파산면책 절차는 어떻게 되나요?

① 신청서 제출: 파산 및 면책신청서를 작성하여 준비서류와 함께 본인 주소지나 직장 주소지 관할 지방법원 본원에 제출합니다. 회생법원이 있는 지역은 회생법원에 제출합니다. 파산 및 면책신청서는 법률대리인이 작성해 줍니다. 그러나 본인이 직접 작성하여 법원에 제출해도 됩니다.

② 보정명령 및 예납비용 납부명령: 법원은 신청서와 서류를 검토한 후 파산 및 면책 신청자격에 문제가 있는 것으로 보이거나 파산신청권의 남

용이 의심되면 보정명령을 내려서 채무자에게 소명 자료를 제출하게 합니다. 필요하면 법원에 출석 요청하여 심리를 진행합니다. 그러나 파산선고에 문제가 없다고 판단하면 예납비용을 납부하라고 명령합니다. 예납비용은 주로 파산관재인 비용으로 신청인마다 다른데 약 40만 원 정도 발생합니다. 법률구조공단이나 신용회복위원회를 통해 파산을 진행하면 예납비용을 부담하지 않아도 됩니다.

③ 파산선고 및 관재인 선임: 법원은 채무자로부터 예납비용을 납부 받고 파산선고 기일에 채무자에게 파산선고를 내립니다. 파산선고 기일 전에 관재인이 선임되는데 관재인이 파산신청인에게 사전에 연락하여 파산선고 직전에 관재인 사무실에 먼저 방문할 것을 요청합니다. 관재인 사무실에 방문하면 관재인에게 제출해야 하는 서류를 주고 기한 내에 제출할 것을 요청합니다. 그리고 법원으로 이동하여 판사 앞에서 파산선고를 받습니다.

파산관재인은 파산신청인이 제출한 서류를 토대로 신청인의 재산을 조사합니다. 재산 은닉 등 면책 불허가 사항이 있는지도 조사합니다. 재산이 파악되면 파산재단을 환가하여 채권자에게 안분 배당합니다. 파산관재인은 신청인에게 본인 자료는 물론 배우자, 부모, 자녀 자료까지 요청합니다. 공통적으로 지적전산자료조회서, 지방세세목별과세증명서, 자동차등록원부, 부동산등기부등본, 임대차계약서, 소득증명 등의 자료를 요청합니다. 본인과 배우자는 계좌거래내역서도 제출해야 합니다.

④ 채권자집회 개최: 법원에서는 채권자 집회를 개최하여 채권자들이 채무자가 면책을 받는 데 이의가 있으면 진술할 수 있는 기회를 줍니다. 채권자가 금융기관인 경우에는 거의 참석하지 않지만 개인채권자인 경우에는

간혹 참석하여 진술하기도 합니다. 채권자가 이의를 제기했다고 해서 면책을 받지 못하는 것은 아니며 판사가 판단하여 면책 여부를 결정합니다.

⑤ 면책여부 결정: 파산재단이 형성될 경우 채권자들에게 안분 배당하는 절차가 진행됩니다. 이 절차가 종결되면 법원은 채무자에게 면책 불허가 사유가 있는지 심사하고 면책 허가 또는 불허가 결정을 내립니다.

동시폐지와 이시폐지의 차이점은 무엇인가요?

만약 채무자에게 재산이 전혀 없고 이를 법원도 명백하게 인정하면 굳이 파산관재인을 선임해서 채무자 재산 조사와 해당 재산의 환가 및 분배 절차를 진행할 필요가 없을 것입니다. 이런 경우 파산선고와 동시에 파산 절차를 종료하는데 이를 '동시폐지'라고 합니다.

반면 이시폐지는 채무자의 재산이 있을지도 모르는 상황을 위한 방법입니다. 채권자는 채무자의 개인파산으로 인해 원치 않는 피해를 봅니다. 그래서 법원은 파산관재인을 선임하고 채무자 재산을 충분히 조사합니다. 그런데도 채무자 재산이 전혀 없을 경우, 비로소 파산절차를 종료하는데 이를 '이시폐지'라고 합니다.

지금은 대부분 이시폐지를 하고 있습니다. 동시폐지든 이시폐지든 면책 여부와 상관없습니다.

파산관재인은 어떤 일을 하나요?

파산관재인이란, 파산재단에 속하는 재산을 관리하고 파산절차에 따른 업무를 수행하는 사람으로서 법원에서 임명합니다. 법원은 파산선고와 동시에 파산관재인을 선임합니다. 파산관재인은 법원의 감독을 받습니다. 파산관재인 비용은 30만~40만 원으로 파산신청자가 부담합니다. 파산관재인의 직무는 다음과 같습니다.

① 파산재단의 점유관리, 재산가액의 평가: 파산관재인은 선임 후 파산재단에 속하는 재산의 점유 및 관리에 착수합니다. 파산선고 기준으로 파산재단의 가액을 평가해야 합니다.

② 파산채권자에게 배당: 채무자의 재산을 환가하여 법원의 허가를 받은 후에 파산채권자에게 배당합니다.

③ 파산경과의 보고: 파산선고에 이르게 된 사정과 채무자 및 파산재단에 관한 경과 및 현상에 대해 채권자집회에서 보고합니다.

④ 재단채권의 변제와 공탁: 파산폐지결정이 확정된 후 재단채권에 대해 변제 이의가 있을 때 채권자를 위해 공탁합니다.

파산선고기일이나 채권자집회에 불참하면 어떻게 되나요?

파산신청자는 파산선고기일이나 채권자집회에 반드시 참석해야 합니다. 불참하면 파산선고나 채권자집회가 한 번 연기될 수 있으나 2회 이상 불참하면 파산신청이나 면책신청이 기각될 수 있습니다.

5. 면책

법원에서 면책을 허가하지 않는 사유에는 어떤 것이 있나요?

다음 사유에 해당하는 경우 면책 불허가 판정이 날 수 있습니다.

　　　　　　　　　　　　　　내 채무 좀 해결해 주세요

① 파산자가 자기 재산을 숨기거나, 파손하거나, 다른 사람 명의로 변경하거나, 헐값에 팔아 버린 경우

② 채무자가 채무를 허위로 증가시킨 경우

③ 채무자가 과도하게 낭비하거나 도박 등으로 재산을 현저히 감소시키거나 그로 인해 과도한 채무를 지게 된 경우

④ 채무자가 신용거래로 구입한 상품을 현저히 불리한 조건으로 처분한 경우

⑤ 채무자가 파산 원인이 있음을 알면서도 일부 채권자에게만 변제하거나 담보를 제공하는 경우

⑥ 채무자가 채권자 목록이나 그 밖의 신청서류를 허위로 제출하거나 법원에 자신의 재산 상태를 허위로 진술하는 경우

⑦ 채무자가 파산선고를 받기 1년 이내에 파산의 원인이 있다는 사실을 알면서도 그 사실을 속이거나 감추고 신용거래로 재산을 취득한 경우. 신용거래로 불필요하거나 과도한 물건을 구입하는 경우

⑧ 과거 파산면책을 받고 7년이 경과하지 않은 경우

면책을 받지 못하는 채권은 어떤 것이 있습니까?

① 세금, 건강보험료, 국민연금, 벌금, 과료, 과징금, 과태료, 추징금, 형사소송비용 등은 면책받지 못합니다.

② 채무자가 고의로 가한 불법행위로 발생한 손해배상은 면책받지 못합니다. 불법행위만 해당되므로 단순한 계약위반으로 발생한 손해배상 등은 면책됩니다.

③ 채무자가 중대한 과실로 타인의 생명 또는 신체를 침해한 불법행위

를 하여 발생한 손해배상은 면책을 받지 못합니다. 예를 들면, 음주운전으로 발생한 교통사고는 대인손해배상에 해당하므로 면책받지 못합니다. 폭행도 마찬가지입니다. 그러나 중대한 과실이더라도 대물손해배상인 경우에는 면책을 받을 수 있습니다.

④ 채무자가 고용한 근로자의 임금, 퇴직금 및 재해보상금, 임치금 및 신원보증금은 면책받지 못합니다.

⑤ 채무자가 악의로 채권자 목록에 기재하지 않은 경우는 면책받지 못합니다. 그러나 악의가 아니라면 면책 후에 민사소송을 통해 면책이 가능합니다.

⑥ 채무자가 양육자 또는 부양의무자로서 부담하여야 하는 비용은 면책받지 못합니다.

파산신청하면 세금을 면책받을 수 있나요?

세금은 면책을 받을 수 없습니다. 단, 파산신청자가 재산이 있는 경우 그 재산을 채권자에게 배당을 하는데 세금이 우선적으로 배당을 받습니다. 그런 경우에는 세금을 상환하게 되는 효과가 있습니다.

면책을 받으면 채무가 없어지나요?

면책을 받으면 채무가 사라지는 것이 아니라 자연 채무가 됩니다. 자연 채무란, 빌려 쓴 사람이 채무를 갚지 않아도 빌려준 사람이 변제를 요구하지 못하는 채무를 말합니다. 면책을 받은 채무는 자연 채무로 존재합니다. 비록 채무는 면책되었지만 채무자가 원하면 채권자에게 변제할 수 있습니다. 이 변제행위는 법률상 유효한 변제행위가 됩니다.

면책을 못 받은 경우 다시 파산신청이 가능한가요?

파산선고를 받고 면책신청이 기각되어 그 결정이 확정된 후에는 동일한 파산에 대하여 재차 면책신청을 할 수는 없습니다. 또 파산선고를 받은 후 면책신청을 취하하였는데 면책신청 기간이 이미 경과한 경우와 면책불허가결정이 확정된 경우에도 동일한 파산에 대하여 재차 제기하는 면책신청도 역시 허용되지 않습니다.

법적으로 면책신청이 아닌 파산신청은 가능합니다. 그러나 대법원에서 채무자가 동일한 건으로 오로지 면책을 받기 위하여 동일한 파산원인으로 다시 파산신청을 하는 이른바 '재도의 파산신청'은 허용되지 않는다는 판례가 있습니다. 하지만 면책불허가 사유를 해소했거나 전과 다른 사유가 원인이 되어 파산신청을 한다면 파산신청을 받아주는 사례도 있습니다.

면책을 못 받으면 어떤 불이익이 있나요?

과거에는 파산신청을 하면 파산선고 전에 면책불허가 사유를 대부분 검토해서 면책불허가가 날 것 같으면 파선선고를 내리지 않았습니다. 그러다가 파산관재인 제도가 도입되면서 지급불능 상태만 확인되면 파산선고를 내리고 있습니다. 그리고 나서 파산관재인이 면책불허가 사유를 확인합니다.

파산선고를 받았는데 면책을 못 받았다면 10년 동안 파산자 신분으로 살아야 합니다. 10년이 지나면 자동적으로 복권되지만 빚은 없어지지 않습니다. 그러므로 면책을 못 받으면 추심이나 강제집행을 당할 수 있습니다.

파산선고를 받고 면책을 받지 못하면 복권되기 전까지 몇 가지 직업에 제한이 있습니다. 공무원, 군인, 사립학교 교원, 변호사, 법무사, 세무사,

경비지도사, 일반경비원, 아이돌보미, 결혼중개업, 건설업 등록, 공인중개사 개설 등록, 관광사업 등록 및 신고, 대부업 등록, 보험설계사 등록, 어린이집 설치 운영, 학원 설립과 운영 등록 등을 하지 못하거나 제한이 있을 수 있습니다. 그러므로 이런 종류의 직업에 종사하거나 종사할 계획이라면 면책이 가능한지 꼼꼼히 따져보고 파산신청을 해야 합니다.

파산선고를 받은 사람은 어떤 방법으로 복권되나요?

파산선고를 받은 사람은 면책을 받으면 복권됩니다. 면책결정을 받지 못했다면 파산선고 후 10년이 지나야 복권됩니다. 그러나 이 기간에 사기파산죄로 유죄 확정 판결을 받으면 안 됩니다. 변제나 그 밖의 방법으로 파산채권자가 채무 전체의 책임을 면한 경우 파산법원에 복권신청을 할 수 있습니다.

면책결정이 나면 신용도가 바로 상승하나요?

면책결정이 확정되면 법원에서는 한국신용정보원에 면책사실을 통보합니다. 면책사실을 통보받은 한국신용정보원은 연체기록정보를 해제합니다. 금융기관에서 연체기록정보를 자체적으로 해제하는 절차가 필요하므로 한국신용정보원의 연체기록정보가 해제된 다음에 금융기관의 연체정보가 해제되기까지는 1~2주 정도의 시간이 더 소요될 수 있습니다.

한국신용정보원은 면책받은 사람의 연체 정보를 해제하는 대신 공공정보에 면책받은 사실을 등록하며 이 기록은 5년 동안 보관합니다. 따라서 공공 정보가 등록되어 있는 기간에는 은행 대출이나 신용카드 발급이 제한될 가능성이 큽니다. 단지 일반통장 개설이나 체크카드 발급은 가능합니다. 대출이나 신용카드 발급은 공공 정보가 삭제되었다고 바로 가능한 것은 아니며 신용점수가 점차 상승하면서 가능해집니다.

면책 불허가 결정을 받았을 때 불복할 수 있나요?

면책 불허가를 받은 파산신청자는 면책불허가 결정을 송달받은 날로부터 1주 이내에 법원에 즉시 항고장을 제출할 수 있습니다.

면책을 받은 후에 사업을 해도 되나요?

면책을 받고 사업을 해도 됩니다. 그러나 면책결정 후 5년 동안 공공 정보에 면책 기록이 남아 있기 때문에 대출을 받거나 신용카드 발급이 어려워 사업하기 힘든 것이 현실입니다. 그리고 다른 사람 명의로 사업을 하면서 파산을 신청하는 것은 사기파산에 해당하므로 면책을 받을 수 없습니다.

파산면책을 받았는데 다시 파산신청이 가능한가요?

파산면책이 확정된 날로부터 7년이 경과해야 다시 파산신청이 가능합니다. 그리고 개인회생은 면책이 확정된 날로부터 5년이 경과해야 파산신청이 가능합니다.

재량면책이란 무엇인가요?

파산신청인에게 면책 불허가 사유가 있더라도 법원에서 신청인이 파산에 이르게 된 경우, 그 밖의 사정을 고려하여 면책을 허가해 주는 것을 말합니다. 면책 불허가 사유가 있으면 면책 불허가가 원칙이므로 재량면책은 드문 경우입니다. 사행성 채무는 재량면책을 받기 힘듭니다. 그러나 재산을 은닉한 사실이 발견되더라도 소액이거나 채무자의 사정을 고려하여 재량면책을 받을 수 있습니다.

면책을 받은 후 통장 압류는 어떻게 해제하나요?

면책결정을 받은 후 집행법원에 '채권 압류 및 추심해제 신청서'를 제출해야 합니다. 첨부 서류로는 면책결정문, 확정증명원, 채권자 목록, 채권 압류 및 추심명령 결정문 등이 필요합니다.

확정증명원은 면책결정 후 약 2주 후에 발급됩니다. 따라서 면책결정이 나면 약 2주 후에 면책결정을 한 법원을 방문하여 서류를 발급받아야 합니다.

파산신청자가 면책을 받기 전에 사망하면 어떻게 되나요?

① 파산선고 전 사망한 경우: 상속인에게 파산절차를 속행할지 확인하고 속행하겠다면 상속재산파산절차로 진행합니다.

② 파산선고 후 면책결정 전 사망한 경우: 상속인의 의사를 묻지 않고 상속재산에 대해 파산절차를 속행합니다. 면책 사건은 단순 종결됩니다. 상속인은 한정승인을 할지, 상속포기를 할지 결정을 하여 한정승인과 상속포기 절차를 별도로 진행해야 합니다.

③ 면책결정 후 사망한 경우: 파산면책 절차가 종결되었으므로 별도로 진행할 것은 없습니다. 그러나 누락 채무가 발생하더라도 '면책확인의 소'를 제기할 수 없습니다.

　　　　　　　　　　　　　　내 채무 좀 해결해 주세요

면책확인의 소는 어떻게 제기하나요?

파산을 신청해서 면책까지 받았는데 일부 채무가 채권자 목록에 누락하여 면책을 받지 못한 경우에 면책확인의 소를 제기해야 합니다. 채무를 누락시킨 것이 고의가 아니라 단순과실이었다는 점을 상세히 소명해야 합니다.

채무 누락의 원인으로는 오래된 채권으로 채권자를 기억하지 못하는 경우, 주민등록이 말소된 탓에 오랜 기간 독촉장을 받지 못한 경우, 실수 때문에 채권이 누락된 경우, 대출업체가 폐업하여 소재지 파악이 힘든 경우 등이 있습니다.

소장과 함께 첨부서류로 면책결정문 정본, 확정증명원, 채권자 목록 등본, 채권추심 독촉장, 채권자변동정보 또는 본인신용정보서, 진술서 등을 첨부하여 법원에 제출합니다. 채무액에 따라 인지세와 송달료가 발생합니다.

어떤 경우에 면책이 취소되나요?

채무자가 사기파산으로 유죄가 확정되면 법원은 파산채권자의 신청이나 직권으로 면책취소의 결정을 할 수 있습니다. 또 채무자가 부정한 방법으로 면책을 받은 경우에도 면책취소 사유가 됩니다. 부정한 방법이란, 파산채권자나 파산관재인에게 사기, 협박, 뇌물의 제공 등으로 면책을 받은 경우입니다. 부정한 방법으로 면책을 받아 취소를 신청하는 경우에는 면책결정 확정일로부터 1년 이내에 해야 합니다.

젊은 나이인데도 면책이 가능한가요?

젊더라도 장애나 질병 등으로 근로능력이 거의 없다고 판정된 경우에는 면책이 가능할 수 있습니다. 또한 부모님이나 미성년 자녀, 장애인 등을 부양하고 있으며 본인의 정상적인 수입이 가족 최저생계비에 미치지 못한다면 면책이 가능할 수 있습니다.

파산신청 전에 보험계약자 명의를 변경해도 되나요?

보험계약자 명의 변경은 재산 은닉 행위로 볼 수 있기 때문에 파산신청을 생각하고 있다면 해서는 안 됩니다. 면책을 받지 못할 수도 있습니다.

파산신청 전에 보험약관대출을 받아도 되나요?

생활비가 정말 부족하다면 약관대출을 받을 수 있습니다. 단, 약관대출을 받고 생활비나 의료비 등 꼭 필요한 곳에 사용했다는 점을 계좌거래내역서 등을 통해 소명한다면 크게 문제되지는 않습니다.

6. 파산범죄

파산범죄에는 어떤 것이 있나요?

파산범죄는 면책 불허가 사유에 해당합니다. 파산범죄는 다음과 같습니다.

1. 사기파산죄

채무자가 파산선고의 전후를 불문하고 자기 또는 타인의 이익을 도모하거나 채권자를 해할 목적으로 다음 각호의 어느 하나에 해당하는 행위를 하고, 그 파산선고가 확정된 때에는 10년 이하의 징역 또는 1억 원 이하의 벌금에 처합니다.

① 파산재단에 속하는 재산을 은닉 또는 손괴하거나 채권자에게 불이익하게 처분을 하는 행위

② 파산재단의 부담을 허위로 증가시키는 행위

③ 법률의 규정에 의하여 작성하여야 하는 상업장부를 작성하지 아니하거나, 그 상업장부에 재산의 현황을 알 수 있는 정도의 기재를 하지 아니하거나, 그 상업장부에 부실한 기재를 하거나, 그 상업장부를 은닉 또는 손괴하는 행위

④ 제481조의 규정에 의하여 법원사무관 등이 폐쇄한 장부에 변경을 가하거나 이를 은닉 또는 손괴하는 행위

2. 과태파산죄

채무자가 파산선고의 전후를 불문하고 다음 각 호의 어느 하나에 해당하는 행위를 하고, 그 파산선고가 확정된 경우 그 채무자는 5년 이하의 징역 또는 5,000만 원 이하의 벌금에 처합니다.

① 파산의 선고를 지연시킬 목적으로 신용거래로 상품을 구입하여 현저히 불이익한 조건으로 이를 처분하는 행위

② 파산의 원인인 사실이 있음을 알면서 어느 채권자에게 특별한 이익을 줄 목적으로 한 담보의 제공이나 채무의 소멸에 관한 행위로서 채무자

의 의무에 속하지 아니하거나 그 방법 또는 시기가 채무자의 의무에 속하지 아니하는 행위

③ 법률의 규정에 의하여 작성하여야 하는 상업장부를 작성하지 아니하거나, 그 상업장부에 재산의 현황을 알 수 있는 정도의 기재를 하지 아니하거나 그 상업장부에 부정의 기재를 하거나, 그 상업장부를 은닉 또는 손괴하는 행위

④ 제481조의 규정에 의하여 법원사무관 등이 폐쇄한 장부에 변경을 가하거나 이를 은닉 또는 손괴하는 행위

과태파산죄와 사기파산죄의 가장 큰 차이점은 사기파산죄는 자기 또는 타인의 이익을 도모하거나 채권자를 해할 목적으로 한 행위라는 점입니다.

3. 설명의무 위반죄

파산관재인의 설명요구에 불응하거나 허위로 설명하는 경우입니다.

4. 파산뇌물죄

파산관재인에게 뇌물을 주거나 주기로 약속하는 경우입니다.

부인권이란 무엇인가요?

부인권이란, 파산신고 전에 채무자가 파산채권자를 해한다는 사실을 알고 한 행위 그리고 다른 채권자들과의 평등을 해하는 행위를 한 경우에 그 행위의 효력을 부인하고 일탈된 재산을 파산재단에 회복시키기 위해

행하는 법상의 권리입니다. 부인권은 파산관재인이 행사할 수 있습니다. 부인권은 파산선고일로부터 2년, 부인행위를 한 날로부터 10년 내에 행사하지 않으면 소멸됩니다.

부인권 행사 사례에는 어떤 것이 있나요?

지급불능이나 부채 초과 상태에서 자기 재산을 증여한 경우, 부동산이나 동산을 염가로 매각하여 채권자에게 배당할 재산을 감소시킨 경우, 특정의 채권자에게만 변제하거나 특정의 채권자에게 담보를 제공한 경우, 상속을 받으면 채권자들이 채무변제를 요구할 것으로 예상하고 상속분할협의를 한 경우, 채무변제를 하지 않기 위해 임차인 명의나 보험계약자 명의를 바꾼 경우, 채무변제를 하지 않으려고 이혼하면서 공동명의 재산을 배우자에게 재산분할로 명의이전을 한 경우 등이 있습니다.

파산절차에서 부인의 대상이 되지 않으려면 파산신청 직전에 이혼, 주거의 변동, 재산의 변동을 하지 않는 것이 좋습니다.

사행행위취소권이란 무엇인가요?

사행행위취소권이란, 채무자가 채권자를 해한다는 사실을 알면서 행한 법률행위를 개별 채권자가 취소시켜 채무자의 재산을 원상회복하도록 재판상 청구할 수 있는 권리입니다. 이는 채권자의 권리로서 채권자취소권이라고도 합니다. 부인권은 파산관재인이 행사하지만 사해행위취소권은 채권자들이 개별적으로 행사합니다.

사해행위취소권을 행사하려면 어떤 요건이 있어야 하나요?

사해행위취소권을 행사하려면 채무자가 자기 재산을 감소시켜 채권자를 해하는 사해행위가 있어야 합니다. 채무자뿐만 아니라 수익자 또는 전득자가 사해행위 당시에 채권자를 해하게 될 것이라는 사실을 알고 있어야 합니다. 즉 악의가 있어야 합니다. 채권자는 채무자가 악의가 있다는 사실을 입증해야 하며, 수익자 또는 전득자는 자신은 악의가 없으며 선의였다는 사실을 입증해야 합니다. 수익자 또는 전득자(남이 취득한 물건이나 권리를 다시 넘겨받은 사람)는 악의가 있다고 추정되기 때문입니다.

사해행위취소권의 행사 기간은 언제까지인가요?

사해행위취소권은 소송을 제기해야 합니다. 채권자는 취소원인을 안 날부터 1년, 법률행위가 있은 날부터 5년 이내에 제기해야 합니다. 취소권 행사의 효과는 모든 채권자에게 미칩니다. 취소의 효력은 소송 당사자인 채권자와 수익자 또는 전득자 사이에서만 법률행위를 무효로 합니다.

상속재산 협의분할을 해도 괜찮은가요?

부채가 재산보다 많은 채무초과 상태에서 협의분할로 상속재산을 분할하여 채무자 본인의 권리를 포기한다면 사해행위 취소 대상이 될 수 있습니다. 협의분할에 의한 상속재산 분할은 이미 상속을 받은 이후에 그 권리를 포기하는 것이므로 채권자의 권리를 침해하는 것으로 봅니다. 그러므로 채권자는 사해행위 취소 소송을 제기할 수 있습니다. 그러나 채무자가 법원에 상속포기 신청을 해서 상속을 포기한 경우에는 사해행위 취소 대상이 아닙니다.

강제집행면탈죄란 무엇인가요?

강제집행면탈죄란 채권자가 소송을 제기할 것으로 예상하고 채무자가 재산을 은닉하거나 허위양도하거나 손괴한 경우뿐만 아니라 채권자를 해칠 위험이나 가능성만 있어도 해당합니다.

7. 개인파산신청서류

파산신청 시 어떤 서류를 제출해야 하나요?

파산신청서류는 생각보다 복잡하지 않습니다. 조금만 시간을 투자하면 준비할 수 있습니다. 다음의 서류를 준비하여 순서대로 정리한 뒤 법원이나 법률구조공단에 제출하면 됩니다.

1. 주민등록등본
2. 주민등록초본
3. 혼인관계증명서
4. 가족관계증명서
5. 장애인증명서
6. 진술서
7. 건강보험자격득실 확인서, 건강보험료 납부 확인서
8. 연금 산정용 가입내역 확인서
9. 개인파산, 개인회생, 개인워크아웃 관련 서류

10. 출입국사실증명서

11. 사업자등록증, 휴업(폐업)증명원

12. 근로능력평가용진단서, 진단서

13. 나의 사건검색

14. 부채증명서

15. 독촉장

16. 계좌통합조회(은행권, 2금융권, 증권사, 카드사)

17. 계좌거래내역서

18. 신용카드 사용내역서

19. 보험가입내역 조회서

20. 보험증권 사본 및 예상해약환급금 증명서

21. 임대차계약서 사본 또는 무상거주확인서

22. 부동산 등기부등본

23. 예상퇴직금 확인서

24. 지적전산자료조회서

25. 지방세세목별과세증명서

26. 부동산 시가증명자료(개별공시지가확인서, 공동주택가격확인서, 개별주택확인서)

27. 자동차등록원부(갑구, 을구)

28. 자동차 보험증권

29. 최근 2년 내 1,000만 원 이상의 재산 처분 시 근거 자료

30. 주택 매매대금 혹은 임대차 보증금의 출처 및 사용처 자료(최근 3년)

31. 기초생활수급자 증명서

32. 기초연금수급자 증명서

33. 한부모가족 증명서

34. 사실증명서(최근 2년, 소득이 없는 경우)

35. 소득금액증명원(최근 2년, 소득이 있는 경우)

36. 근로소득원천징수 영수증(직전년도)

37. 급여명세서(최근 1년)

38. 지방세 납세증명서

39. (국세)납세증명서

40. 건강보험료 완납증명서

41. 개인회생 신청용 확인서

42. 막도장

서류의 발급 방법을 세부적으로 알아보겠습니다.

1~5. 주민등록등본, 주민등록초본, 혼인관계증명서, 가족관계증명서, 장애인증명서: 시·군·구청·동사무소 등에서 발급 가능합니다. 공동인증서가 있다면 인터넷 정부24에서 발급할 수 있습니다. 주민등록초본은 주소변동 내역이 전부 포함되도록 발급합니다. 혼인관계증명서는 미혼이라도 발급해야 합니다. 혼인관계증명서와 가족관계증명서는 상세로 발급합니다. 장애인증명서는 해당자만 발급하면 됩니다. 신청인의 주민등록번호는 모두 표기되도록 발급하고 나머지 가족은 주민번호 앞자리만 표기되면 됩니다.

6. 진술서: 진술서는 A4용지에 수기로 작성해도 되고 워드로 작성해서

출력해도 됩니다. 진술서는 A4 용지 1~3장 정도 분량으로 작성하면 됩니다. 본인의 성장배경, 채무가 발생하게 된 경위, 채무를 상환하기 위해 했던 노력, 지급불능 상태가 된 경위, 앞으로의 각오 순으로 상세하게 기록하고 마지막에 날짜를 적고 서명을 합니다.

7. 건강보험자격득실 확인서, 건강보험료 납부 확인서: 건강보험공단에 직접 방문하여 발급받거나 공동인증서가 있으면 홈페이지에 접속하여 발급받아 출력하면 됩니다. 과거 무슨 일을 했는지, 보험료는 얼마나 납부했는지 확인하기 위한 자료입니다. 의료급여 수급자인 경우는 건강보험료 납부 확인서를 제출하지 않아도 됩니다.

8. 연금 산정용 가입내역 확인서: 국민연금공단에 직접 방문하여 발급받거나 공동인증서가 있으면 홈페이지에 접속하여 발급받아 출력하면 됩니다. 과거 근무경력, 소득 등을 파악하기 위한 자료입니다.

9. 개인파산, 개인회생, 개인워크아웃 관련 서류: 과거 개인파산, 개인회생, 개인워크아웃 경험이 있는 사람만 발급받으면 됩니다. 개인파산이나 개인회생은 해당 법원에 가서 면책이나 인가결정문, 폐지된 경우에는 폐지결정문, 채권자 목록을 발급받아 제출합니다. 개인워크아웃은 신용회복위원회에서 채무변제상환내역서를 발급받아 제출하는데 5년이 경과하면 발급이 안 될 수 있으니 이런 경우에는 개인워크아웃 경험이 있다는 사실을 진술서에 기록하고 채무변제상환내역서는 제출하지 않아도 됩니다.

내 채무 좀 해결해 주세요

10. 출입국사실증명서: 시·군·구청·동사무소 등에서 발급 가능합니다. 공동인증서가 있으면 정부24에서 발급받아 출력하면 됩니다. 최근 5년간 출입국사실증명서를 발급받아야 합니다. 만약 최근 5년간 다른 나라를 출입국한 사실이 있다면 출입국 사유와 자금출처 등을 작성하여 출입국사실증명서 뒤에 첨부하면 됩니다. 출입국 사실이 없어도 발급받아야 합니다.

11. 사업자등록증, 휴업(폐업)증명원: 현재 사업을 운영하고 있으면 사업자등록증을, 과거 휴업이나 폐업한 경우에는 휴업이나 폐업 증명원을 발급받습니다. 세무서에서 발급해도 되고 무인민원발급기에서도 발급 가능합니다. 공동인증서가 있으면 홈텍스에 접속하여 발급받아도 됩니다.

12. 근로능력평가용진단서, 진단서: 질병 치료를 위해 병원을 다니는 경우 해당 병원에서 근로능력평가용진단서나 일반 진단서를 발급하면 됩니다. 만 60세 이하의 젊은 나이라면 근로능력평가용진단서를 발급받는 것이 유리합니다.

13. 나의 사건검색: 검색창에서 나의 사건검색을 입력하면 법원 사이트에 접속됩니다. 먼저 '인증서로 검색'을 클릭합니다. 주민등록번호를 입력하고 공동인증서 비밀번호를 누르면 사건 종류가 나오는데 민사본안, 가사, 행정 등 여러 사건 종류가 보일 것입니다. 법원은 전체를 선택하고 민사본안, 가사, 행정 등 사건 종류를 하나씩 클릭해서 검색을 누르면 본인에게 해당하는 사건의 법원과 사건번호, 사건 종류가 나타납니다. 사건

종류별로 출력합니다.

이번에는 '인증서로 검색' 좌측에 있는 '사건번호로 검색'을 클릭합니다. 그리고 법원과 사건번호, 당사자를 입력합니다. 그러면 사건일반내용과 사건진행내용이 보이는데 사건일반내용만 클릭하여 출력합니다. 이런 식으로 본인의 사건을 모두 출력하여 순서대로 정리한 다음에 제출합니다.

14. 부채증명서: 부채증명서는 채권자가 발행하는 증명서로 언제 얼마만큼 대출이 되었는지, 갚지 못한 원금과 이자는 얼마인지가 표시되어 있습니다. 채권자가 금융기관이라면 신분증을 가지고 직접 방문하면 발급해 줍니다. 카드사의 경우 콜센터에 전화해서 팩스나 우편으로 발급받을 수 있습니다. 카드사에서는 부채증명서 대신에 채무잔액확인서를 발급받아도 됩니다. 채권자가 대부업체인 경우에는 직접 전화해서 필요한 서류를 보내주고 부채증명서를 팩스로 받으면 됩니다.

기타 채권자도 직접 전화해서 부채증명서 발급을 요청하고 필요한 서류를 보내 준 다음 팩스나 우편으로 발급받으면 됩니다. 채권자가 개인이나 개인사업자인 경우 부채증명서 대신 차용증을 제출해도 됩니다. 부채증명서를 발급받기 힘든 채권자가 있다면 채권자가 법원에 소송을 제기한 사건번호를 파악하여 해당 법원에서 판결문을 발급받아 부채증명서 대신 제출해도 됩니다.

만약 신용회복위원회를 통해서 파산을 진행한다면 신용회복위원회 협약에 가입한 금융회사의 부채증명서는 신용회복위원회에서 발급해 주므로 신청인이 발급받을 필요가 없습니다.

한국자산관리공사 부채증명서는 인터넷으로 발급 가능합니다. 인터넷

내 채무 좀 해결해 주세요

검색창에 '온크래딧(https://www.oncredit.or.kr)'을 입력하고 접속합니다. 상단의 '증명서 발급'을 클릭하고 '부채증명원신청'을 클릭합니다. 인증을 하고 신청하면 됩니다.

15. 독촉장: 채권자나 추심업체에서 받은 독촉장이 있으면 첨부합니다. 없으면 첨부하지 않아도 됩니다.

16. 계좌통합조회(은행권, 2금융권, 증권사, 카드사): 본인의 모든 계좌와 카드 현황을 출력해야 합니다. 인터넷 검색창에서 계좌정보통합관리서비스(https://www.payinfo.or.kr)를 검색하여 해당 홈페이지로 이동합니다. 좌측 상단의 '내 계좌 한눈에'를 클릭하고 은행권, 제2금융권, 증권사 계좌를 순서대로 클릭하면서 전체 내역과 은행별 세부내역을 출력합니다. 상단에 '내 카드 한눈에'를 클릭하고 전체 내역과 카드사별 세부내역을 출력하여 제출합니다.

17. 계좌거래내역서: 계좌통합조회에서 조회한 은행권, 제2금융권, 증권사 계좌 가운데 활성 계좌만 최근 1년간 계좌거래내역서를 발급받습니다. 해당 은행을 직접 방문해서 발급받거나 콜센터나 어플을 통해 팩스로 발급받을 수 있습니다.

18. 신용카드 사용내역서: 계좌통합조회에서 조회된 본인의 신용카드 사용내역서를 발급받아야 합니다. 체크카드는 발급하지 않아도 됩니다. 사용내역서는 신용카드를 마지막으로 사용한 날을 기점으로 1년 전부터

마지막 사용한 날까지 발급하면 됩니다.

19. 보험가입내역 조회서: 인터넷 검색창에서 '생명보험협회(https://www.klia.or.kr)'를 입력하고 접속합니다. 상단의 '소비자'를 클릭하고 '내 보험 찾아줌'을 클릭합니다. 그리고 '숨은 보험금 조회하기'를 클릭합니다. 공동인증서나 휴대폰 인증을 하면 나의 모든 보험현황이 조회되는데 이것을 출력하여 제출하면 됩니다. 그런데 이곳에서는 우체국 보험은 조회가 안 되므로 우체국 보험에 가입했다면 우체국을 방문하여 보험증권 사본과 예상해약환급금 증명서를 별도로 발급받아야 합니다.

20. 보험증권 사본 및 예상해약환급금 증명서: '보험가입내역 조회서'에 나타난 본인의 전체 보험 현황에서 본인이 계약자인 보험 가운데 보험계약 상태가 유지(정상)인 보험의 보험증권 사본과 예상해약환급금 증명서를 발급받습니다. 발급 방법은 직접 보험사를 방문하거나 전화로 요청하여 팩스로 받으면 됩니다. 전화번호는 '보험가입내역 조회서' 맨 우측에 기록되어 있습니다. 예상해약환급금은 지금 해약한다면 받을 것으로 예상되는 환급금으로 본인의 재산으로 취급합니다.

21. 임대차계약서 사본 또는 무상거주확인서: 본인이 거주하는 주택의 임대차계약서 사본을 제출합니다. 임차료를 지불하지 않고 무상으로 거주한다면 무상거주확인서를 제출합니다. 무상거주확인서는 인터넷에서 양식을 다운받아 작성해도 되고 본인이 직접 무상거주 기간, 무상거주 사유를 기재하고 무상대여자의 인적사항과 서명, 본인의 인적사항과 서명

내 채무 좀 해결해 주세요

등을 기재한 후 제출해도 됩니다.

22. 부동산 등기부등본: 본인의 현주소와 직전 주소의 부동산 등기부등본을 발급합니다. 시·군·구청에서 발급해도 되고 무인민원발급기에서도 발급 가능합니다. 인터넷 검색창에서 '인터넷 등기소'를 검색한 후 접속하여 발급받아도 됩니다.

23. 예상퇴직금 확인서: 근로소득자인 경우에만 해당됩니다. 근로자가 아니라면 제출하지 않아도 됩니다. 지금 퇴직한다면 받게 될 예상퇴직금 내역을 회사에서 발급하면 됩니다.

24. 지적전산자료조회서: 시·군·구청에서 발급이 가능합니다. 본인 소유의 부동산 내역이 나옵니다. 부동산이 없어도 발급받아야 합니다.

25. 지방세세목별과세증명서: 시·군·구청·동사무소 등에서 발급 가능합니다. 최근 5년간 모든 세목, 전국 단위로 발급받아야 합니다.

26. 부동산 시가증명자료(개별공시지가확인서, 공동주택가격확인서, 개별주택확인서): 부동산을 소유한 경우에만 발급합니다. 토지의 경우 개별공시지가확인서, 건물의 경우 개별주택확인서, 아파트의 경우 공동주택가격확인서나 KB부동산시세 등을 조회하여 제출합니다. 시·군·구청·동사무소에서 발급이 가능합니다.

27. 자동차등록원부(갑구, 을구): 본인 소유의 자동차가 있는 경우에만 발급합니다. 시·군·구청에서 발급 가능합니다. 공동인증서가 있다면 정부24에 접속하여 발급해도 됩니다. 자동차등록원부 갑구는 반드시 발급을 받아야 하지만, 을구는 저당권이 설정된 차만 발급되므로 저당권이 설정되지 않았다면 을구는 제출하지 않아도 됩니다.

28. 자동차 보험증권: 자동차를 소유하고 있고 보험에 가입된 경우 보험증권을 제출합니다.

29. 최근 2년 내 1,000만 원 이상의 재산 처분 시 근거 자료: 동산이든 부동산이든 최근 2년 내 1,000만 원 이상의 재산을 처분한 적이 있다면 계약서 사본, 영수증, 처분하고 받은 돈의 사용처 등을 제출합니다. 경매로 처분된 경우 부동산 등기부등본과 경매집행 법원에서 배당표를 받아 제출합니다. 부동산을 처분한 경우에는 처분 금액이 1,000만 원 이하여도 관련 자료를 제출합니다. 재산을 처분한 적이 없다면 제출하지 않아도 됩니다.

30. 주택 매매대금 혹은 임대차 보증금의 출처 및 사용처 자료(최근 3년): 최근 3년 내에 주택을 매매한 사실이 있거나 임대차 보증금의 증감이 있는 경우 자금의 출처와 사용처를 증빙할 수 있는 금융거래 자료를 제출합니다. 해당 사항이 없으면 제출하지 않아도 됩니다.

31~33. 기초생활수급자 증명서, 기초연금수급자 증명서, 한부모가족 증명서: 해당자에 한해 제출합니다. 시·군·구청·동사무소에서 발급이

가능합니다. 공동인증서가 있으면 정부24에서 발급할 수 있습니다.

34~35. 사실증명서(최근 2년, 소득이 없는 경우), 소득금액증명원(최근 2년, 소득이 있는 경우): 최근 2년간 소득이 없었다면 사실증명서를 발급하면 되고, 소득이 있었다면 소득금액증명원을 발급받아 제출합니다. 세무서나 시·군·구청·동사무소에서 발급 가능합니다. 공동인증서가 있다면 인터넷 홈텍스나 정부24에서도 발급 가능합니다.

36. 근로소득원천징수 영수증(직전년도): 근로 소득자인 경우 회사에 요청해서 발급받습니다. 공동인증서가 있다면 홈텍스에서도 발급 가능합니다.

37. 급여명세서(최근 1년): 근로소득자라면 회사에 요청해서 최근 1년간 월별 급여명세를 발급받아 제출합니다. 해당자가 아니라면 제출하지 않아도 됩니다.

38~41. 지방세 납세증명서, (국세)납세증명서, 건강보험료 완납증명서, 개인회생 신청용 확인서: 체납이 있는지 확인하기 위한 서류입니다. 지방세 납세증명서, (국세)납세증명서는 시·군·구청에서 발급이 가능합니다. 무인민원발급기를 이용해도 됩니다. 건강보험료 완납증명서는 건강보험공단, 개인회생 신청용 확인서는 국민연금공단을 방문해서 발급받아도 되고 공동인증서가 있으면 각 공단 홈페이지에 접속해서 발급받을 수 있습니다.

지방세 납세증명서와 (국세)납세증명서, 건강보험료 완납증명서는 체납이 있다면 인터넷에서 발급이 안 됩니다. 직접 관련 기관에 방문하여 발급받아야 합니다. 국세 체납이 있다면 세무서를 방문해서 체납내역서를 발급받아야 합니다. 지방세 체납이 있다면 시·군·구청에 방문해서 지방세세목별과세증명서에 체납 내역이 기재되도록 발급받아야 합니다. 건강보험 체납이 있다면 건강보험공단을 방문하여 체납내역서를 발급받아 제출해야 합니다.

42. 막도장: 법률 대리인이 파산신청인의 서류를 작성할 때 사용합니다. 인감도장이 아닌 한글 이름이 새겨진 저렴한 막도장을 제출하면 됩니다.

이혼한 배우자의 서류도 제출해야 하나요?

파산신청할 때는 본인의 서류만 제출합니다. 그러나 파산선고 후 파산관재인이 요청하는 서류에는 배우자 관련 서류도 있습니다. 관재인마다 다르지만 보통 파산선고일 기준으로 이혼한 지 5년이 경과되지 않았다면 배우자 서류도 제출해야 합니다.

부모, 자녀와 관계가 단절된 경우 서류를 어떻게 제출해야 하나요?

파산신청할 때는 본인의 서류만 제출합니다. 그러나 파산선고 후에는 배우자, 부모, 자녀 서류도 제출해야 합니다. 부모가 사망한 경우나 자녀가 미성년자인 경우에는 파산신청인이 신분증과 가족관계증명서를 제출하고 직접 서류를 발급받을 수 있습니다. 그렇지 않고 당사자가 생존해 있는 경우에는 당사자가 직접 서류를 발급하거나 파산신청인에게 위임을 해줘야 합니다.

부모나 자녀, 배우자와 관계가 단절되어 서류 발급이 힘든 경우에는 법원에 '사실조회신청'을 해야 합니다. 신분증과 가족관계증명서를 제출하면 본인이 아니더라도 가족의 주민등록초본은 발급 가능합니다. 주민등록초본을 발급받아 현주소를 확인합니다. 그리고 법률대리인을 통해 '사실조회신청'을 의뢰합니다. 파산신청인이 직접 법원에 비치된 '사실조회신청서'를 작성하여 제출해도 됩니다. 사실조회신청은 파산신청인의 부모나 자녀 등이 속해 있는 시·군·구청에 파산관재인이 요청한 서류를 발급해 줄 것을 요구하는 것입니다. 법원은 해당 관청에 사실조회를 요청하고 해당 관청은 요청한 서류를 발급하여 법원으로 보내 줍니다. 서류가 법원에 도착하면 파산신청인이 법원에 열람·복사 신청을 하여 파산관재인에게 제출하면 됩니다.

판결문은 어떻게 발급받나요?

개인 채무의 경우 차용증이 없으면 부채증명서나 차용증 대신 판결문을 첨부해도 됩니다. 판결문은 압류금지채권 범위변경을 신청할 때도 필요합니다.

신분증을 지참하고 관할 법원에 가서 판결문 정본(등본) 신청서를 작성하고 판결문 1통당 인지 1,000원을 납부하면 판결문을 발급해 줍니다. 관할 법원이 멀어서 가기가 힘들다면 우편으로 신청할 수 있습니다. 대법원 사이트에서 '재판서 조서의 정본, 등본, 초본 교부 신청서'를 출력하여 작성합니다. 근처 우체국으로 가서 판결문 1통당 1,000원 상당의 전자인지를 구매합니다. 신분증도 복사합니다. 그리고 내가 다시 회신 받을 봉투도 넣어야 합니다. 회신 봉투에 받을 사람 이름과 주소를 기재하고 반송용 우표도 구입하여 붙입니다. 한 봉투에 이 모든 서류를 넣고 관할 법원 담당 부서에 등기 우편으로 발송하면 관할 법원에서 검토한 후 발급하여 회신 봉투에 넣어서 보내 줍니다.

채권자가 부채증명서를 발급해 주지 않으면 어떻게 하나요?

개인 채권자나 개인 사업자인 경우 부채증명서를 발급해 주지 않는 경우가 있습니다. 일단 채권자에게 채권자 목록에 들어가야 배당을 받을 수 있다는 사실을 설명하고 이해를 구합니다. 그래도 부채증명서를 발급해 주지 않는다면 자료송부서를 작성하고 차용증이나 사실확인서, 차용한 입금내역 등을 첨부합니다. 그리고 채권자에게 내용증명으로 발송합니다. 이렇게 내용증명으로 발송한 자료송부서를 부채증명서로 갈음합니다. 자료송부서 양식은 인터넷에서 다운받을 수 있습니다.

채권자의 주소나 주민등록번호 등을 모를 경우에는 휴대전화 번호나 계좌번호만 알더라도 법원에 사실조회신청을 하여 통신사, 은행, 건강보험공단 등을 통해 채권자의 주소나 주민등록번호 같은 인적사항을 알아낼 수 있습니다. 일단 채권자 이름만 기재하여 법원에 채권자 목록을 접수시키고 사건번호가 나오면 그 사건번호를 기재하여 사실조회신청을 하면 됩니다. 사실조회신청을 통해 채권자 주소 등을 알아냈다면 채권자 목록을 수정하면 됩니다.

계좌거래내역은 몇 년 정도를 요청하나요?

법원마다 다른데, 파산신청 시에는 1~2년 정도의 계좌거래내역을 요구합니다. 하지만 파산선고 후에 파산관재인이 3~5년 정도의 계좌거래내역을 요구합니다. 계좌현황을 보면서 필요하면 그 이상의 계좌거래내역을 요구할 수 있습니다. 파산신청 시에 배우자의 계좌거래내역은 제출하지 않아도 되지만 파산선고를 받으면 파산관재인이 배우자의 계좌거래내역도 요구합니다.

보험약관대출도 채권자 목록에 포함시키나요?

보험약관대출은 해약환급금 내에서 보험을 해약하지 않고 받는 대출입니다. 법원에서는 보험약관대출을 민법상 소비대차가 아닌 선급금의 형식으로 보기 때문에 채무로 보지 않습니다. 그러므로 채권자 목록에서 제외해야 합니다.

채권자가 누락된 경우는 어떻게 하나요?

파산신청 혹은 파산선고 후에 채권자 목록에 누락된 채권자가 발견되었다면 채권자집회 전까지 채권자 목록에 추가할 수 있습니다. 그러나 면책결정이 나면 채권자 목록에 추가할 수 없습니다. 그런 경우 채무자는 관할법원에 민사소송으로 '면책확인의 소'를 제기해야 합니다. 채권자가 집행권원을 가지고 있다면 '청구이의의 소'를 제기해야 합니다.

채무자는 민사소송을 제기하면서 자신은 채무 존재 사실을 몰랐으며 착각이나 부주의로 채권자 목록에 누락되었다는 사실을 증명해야 합니다. 그러면 면책을 받을 가능성이 높습니다.

2장

개인회생제도

1. 개인회생의 개념

개인회생제도란 무엇인가요?

개인회생은 고정수입이 있는 월급생활자, 자영업자, 전문직 종사자 가운데 완납하기 힘든 부채를 가진 사람들이 3~5년 동안 성실하게 빚을 갚으면 나머지 채무를 탕감해 주는 제도입니다. 2004년에 처음 도입되었습니다.

개인회생은 어떤 채무가 조정 가능한가요?

개인회생은 대부분의 채무가 조정 가능합니다. 신용대출금, 신용카드 대금, 연대보증 채무금, 상거래 미지급금, 미납 통신요금, 소액결제, 단말기 할부금, 4대 보험 연체금액, 체납세금, 개인 간 차용금, 사채나 사금융 등 대부업 채무금, 미납 월 임차료, 미납 도시가스 요금, 렌트 비용, 학자금 대출 등 대부분 채무가 조정 가능합니다.

개인회생 비면책 채권에는 어떤 것이 있나요?

개인회생 비면책 채권은 다음과 같습니다.

① 개인회생 채권자 목록에 기재되지 않은 청구권
② 조세 등의 청구권
③ 벌금, 과료, 형사소송비용, 추징금 및 과태료
④ 채무자가 고의로 가한 불법행위로 인한 손해배상(사기죄 등)

⑤ 채무자가 중대한 과실로 타인의 생명 또는 신체를 침해한 불법행위로 인해 발생한 손해배상(음주운전 교통사고 등)

⑥ 채무자가 고용한 근로자의 임금, 퇴직금, 재해보상금(법인사업자는 제외)

⑦ 채무자가 고용한 근로자의 임치금 및 신원보증금(법인사업자는 제외)

⑧ 채무자가 양육자 또는 부양의무자로서 부담해야 하는 비용

⑨ 채무자의 보증인, 담보채권

2. 개인회생의 신청자격

개인회생 신청자격은 어떻게 되나요?

① 최저생계비 이상의 소득이 있어야 합니다. 최저생계비 이상의 소득이 가용소득입니다. 개인회생은 가용소득으로 3~5년 동안 변제를 해야 합니다. 그래서 지속적으로 소득이 발생할 것으로 예상되어야 합니다. 취업 후 바로 신청할 수 있습니다. 직장이 없더라도 연금소득, 이자소득, 임대소득, 배당소득 등이 최저생계비 이상이라면 신청 가능합니다.

② 부채가 재산보다 많아야 합니다. 재산은 담보대출을 제외한 순재산 기준입니다. 재산에는 부동산, 차량, 퇴직금, 임대차 보증금, 보험예상해약금, 예금, 현금 등이 포함됩니다. 배우자 재산은 절반을 반영합니다. 그러나 배우자 재산을 반영하지 않는 회생법원도 있습니다. 배우자 재산이 혼인 전에 취득한 재산인 경우, 배우자가 자신의 부모에게 상속이나 증여

받은 경우 등은 소명하면 반영하지 않을 수 있습니다. 이혼 후 정당한 재산분할도 재산에 반영하지 않습니다.

③ 부채 규모가 무담보 채무 10억 이하, 담보 채무 15억 이하여야 합니다. 총 25억 이하가 아니라 각각의 기준을 충족해야 합니다. 개인회생 신청 기준으로 산정하며 원금과 이자를 포함한 금액입니다. 그리고 부채가 원금 기준 최소 1,000만 원 이상이 되어야 합니다.

④ 개인회생 면책결정을 받은 경우 면책 확정일로부터 5년이 경과해야 재신청이 가능합니다.

파산신청자도 개인회생을 신청할 수 있나요?

신청할 수 있습니다. 파산절차를 중지시키려면 개인회생 신청과 함께 중지명령을 신청하면 됩니다. 중지명령을 신청하지 않아도 개시결정이 내려지면 파산절차는 자동적으로 중지됩니다. 중지된 파산절차는 변제계획 인가 시에 실효됩니다.

최저생계비 이하의 수입이더라도 개인회생 신청이 가능한가요?

원칙적으로 최저생계비 이상의 수입이 있어야 개인회생 신청이 가능하지만, 최저생계비 이하의 수입이더라도 신청 자체는 가능합니다. 이런 경우에는 법원에서 채무자 연령, 장애, 부양가족 수, 생계비를 줄일 수 있는 요인, 월 소득이 적은 이유 등을 고려하여 인가결정을 내립니다.

실업급여를 받고 있는데 개인회생 신청이 가능한가요?

실업급여만으로는 소득활동으로 인정하지 않습니다. 현재 근로활동을

내 채무 좀 해결해 주세요

하고 있어서 급여를 받는 경우에 신청 가능합니다. 실업급여를 받고 있지만 곧 취직하게 되는 상황이라면 추심 등을 피하고자 일단 실업급여를 소득으로 하여 개인회생은 신청할 수 있습니다. 취업이 되고 급여가 확정되면 바로 변제계획안을 수정해야 합니다.

아르바이트나 일용직도 개인회생 신청이 가능한가요?

어떤 직업을 가지든 계속적이고 반복적인 수입을 얻을 수 있고 최저생계비 이상의 수입이 있다면 개인회생 신청이 가능합니다. 아르바이트나 일용직, 계약직도 상관없습니다. 하지만 최저시급을 감안한다면 실무적으로 최소 150만 원 이상의 수입이 있어야 합니다.

최근 대출이 많으면 개인회생 신청이 안 되나요?

최근 대출이 많다고 해서 개인회생 신청이 안 되는 것은 아닙니다. 개인회생 신청 기준 1년 내 대출은 엄격하게 조사하는 편입니다. 사기피해를 당했거나 돌려막기를 했거나 필수 생활비나 필수 의료비로 지출했다면 청산가치에 반영하지 않습니다. 그러나 사용처를 제대로 소명하지 못하거나 도박, 코인, 주식 등에 투자했거나 사치품 구입이나 유흥비에 사용했다면 청산가치에 반영하고 변제금을 올려야 합니다.

채무를 갚지 못하면 사기죄로 처벌받나요?

사기는 형사 범죄로서 처음부터 돈을 갚을 의지나 능력이 없는데 거짓말로 돈을 빌린 경우에 해당합니다. 반면에 채무불이행은 민사적 문제로서 돈을 빌릴 때는 갚을 의향이 있었지만 나중에 갚을 수 없는 상황이 되어 돈을 갚지 못하는 경우에 해당합니다. 사기의 경우 형사고소를 통해 상대방을 처벌할 수 있고 민사소송을 통해 상대방에게 책임을 물을 수 있습니다. 반면에 채무불이행의 경우 민사소송을 제기해서 채무이행을 요구할 수밖에 없습니다. 사기죄로 형사고소를 받지 않으려면 최소한 이자라도 3회 이상 변제를 하는 것이 좋습니다.

보이스피싱 사기 채무도 개인회생이 가능한가요?

보이스피싱 사기 피해를 당했다면 경찰서에 바로 신고하는 것이 좋습니다. 경찰서에 신고하면 '사건 사고 확인원' 발급이 가능합니다. 개인회생을 신청할 때 '사건 사고 확인원'을 제출하면 제출하지 않은 경우보다 수월하게 인가결정을 받을 수 있습니다.

부부가 동시에 개인회생을 신청할 수 있나요?

부부가 동시에 개인회생을 신청할 수 있으며 그로 인해 불이익은 없습니다. 부부가 동시에 신청했더라도 기본적으로 별개 사건으로 보기 때문에 자격요건도 별개로 봅니다. 일단 채무는 각자의 명의로 계산됩니다.

그런데 재산 산정은 부부가 동시에 개인회생에 들어간 경우에는 약간 다르게 산정할 수 있습니다. 예를 들어, 남편 채무는 6,000만 원이고 재산이 1억 원이며, 아내 채무는 6,000만 원이고 재산은 없는 경우에, 남편은 재산이 채무보다 많기 때문에 개인회생 신청이 불가합니다. 그런 경우에 아내가 남편 재산의 절반인 5,000만 원을 자기 재산으로 반영한다면, 남편은 자기 재산을 5,000만 원만 반영하면 되기 때문에 부부 모두 개인회생을 신청할 수 있습니다. 그러나 판단은 법원에서 하기 때문에 법원에서 인정하지 않을 수도 있고, 인정하더라도 변제금이나 변제 기간을 늘리라고 할 수 있습니다.

연체 전인데 개인회생 신청이 가능한가요?

연체 전이라도 개인회생 신청이 가능합니다. 연체 전에 신청하면 추심이나 법 조치를 당하지 않아도 되므로 오히려 연체 전에 신청하는 것이 좋습니다. 개인회생을 신청하면서 금지명령도 같이 신청하기 때문인데 금지명령이 나면 추심이나 가압류 같은 법 조치를 할 수 없습니다.

사행성 채무가 있어도 개인회생 신청이 가능한가요?

도박, 코인, 주식 투자를 했다고 하더라도 개인회생 신청이 가능합니다. 그러나 도박 같은 경우는 모두 청산가치에 반영해야 하고 코인이나 주식에 투자한 경우 변제금이 높아질 수 있습니다.

자동차가 있으면 개인회생에 불리하나요?

자동차를 소유하고 있다고 해서 개인회생 신청에 크게 문제 될 것은 없습니다. 단지 자동차 시세만큼 청산가치에 반영해야 합니다. 그러나 자동차 임대료, 할부금, 주유비, 보험료 등이 과다하다면 법원에서는 의심하게 되고 그 비용이 어디에서 나오는지 소명하라고 하거나 변제금을 높이라고 할 수 있습니다. 담보대출로 구입한 자동차가 있는데 담보대출금이 차량 시세보다 높다면 차라리 처분하고 잔여 채무를 채권자 목록에 넣는 것도 좋은 방법입니다.

3. 개인회생 신청서류

개인회생 신청서류에는 어떤 것이 있나요?

개인회생 신청서류는 개인파산신청서류와 거의 동일합니다. 따라서 앞에서 설명한 파산신청서류를 참고하면 됩니다. 단, 개인회생은 개인파산과 달리 소득 활동을 하고 있으므로 근로소득자와 영업소득자의 소득 증빙자료를 준비해야 합니다.

과거 개인회생 경험이 있는 경우 어떤 서류를 제출해야 하나요?

그 사건의 채권자 목록, 재산목록, 수입과 지출에 관한 목록, 진술서 사본, 변제계획안, 기각결정문, 불인가결정문, 폐지 결정문, 면책결정문 등을 제출합니다.

이혼한 경우에도 배우자 서류를 제출해야 하나요?

개인회생 신청 기준으로 보통 3년 이내에 이혼한 경우에는 전 배우자 서류와 재산 내역까지 제출해야 합니다. 그래서 재산을 은닉했는지 재산 분할이 정당했는지를 확인합니다. 은닉한 재산이 있거나 부당하게 재산 분할이 된 경우 그 재산만큼 청산가치에 반영되거나 정도에 따라 개인회생이 기각될 수도 있습니다.

내 채무 좀 해결해 주세요

4. 개인회생 신청효과

개인회생을 신청하면 어떤 점이 좋은가요?

① 이자뿐만 아니라 원금의 일부를 탕감 받을 수 있습니다. 조건만 잘 맞으면 원금의 90% 이상 감면받을 수 있습니다.

② 내가 개인회생을 신청한 사실을 다른 사람이 알 수 없습니다. 단, 공공 정보를 조회하는 사람은 알 수 있습니다.

③ 공무원 등 직업을 계속 유지할 수 있고, 취업에 불이익이 거의 없습니다.

④ 연체가 없어도 진행 가능합니다.

⑤ 채권자의 추심이나 법 조치를 받지 않습니다.

⑥ 개인회생 중에도 예금이나 보험가입 등 금융거래가 가능합니다. 단, 신용카드 발급은 어려우며 1금융권 대출은 힘듭니다.

개인회생을 신청하면 추심이나 압류가 금지되나요?

개인회생을 신청했다고 해서 추심이나 압류가 금지되지는 않습니다. 개인회생을 신청할 때 금지명령도 함께 신청해야 합니다. 금지명령은 신청 후 보통 일주일이 지나면 내려지는데 채권자에게 우편으로 송달되면 효력이 발생합니다.

금지명령 후에 채권자가 인출한 금액을 반환받을 수 있나요?

금지명령을 받으면 채권자 목록에 있는 채권자는 채무자 통장에서 돈을 인출해서는 안 됩니다. 만약 카드사 등에서 자동인출을 했다면 반환을 요구할 수 있습니다. 반환하지 않는다면 금융감독원에 민원을 넣는 방법으로 반환을 요구할 수 있습니다.

개인회생을 신청하면 압류를 풀 수 있나요?

만약에 통장이나 월급이 가압류나 압류가 되어 있거나, 부동산이나 동산이 경매 중이라면 개인회생 신청과 함께 중지명령도 신청해야 합니다. 법원에서 중지명령이 나면 압류나 추심이 중지됩니다. 경매 진행도 중지됩니다. 중지명령은 법적 조치를 중지시키는 것이지 해제하는 것은 아닙니다. 가압류나 압류를 해제하려면 인가결정을 받아야 합니다.

그러나 임의경매는 인가결정이 났다고 해제할 수 없습니다. 임의경매의 경우에는 중지명령으로 일시 중지되지만 인가결정이 나면 계속 진행할 수 있습니다. 단, 강제경매는 인가결정 후 '부동산 강제경매 집행해제 신청서'와 관련 서류를 제출하고 해제할 수 있습니다.

개인회생을 신청하면 연체 정보가 삭제되나요?

개인회생을 신청했다고 바로 연체 정보가 삭제되지는 않습니다. 개인회생 인가결정이 나면 법원에서 한국신용정보원에 통보합니다. 그때 한국신용정보원이 연체 정보를 삭제합니다. 그리고 개인회생 중이라는 공공 정보를 등록합니다. 이 공공 정보는 변제금을 완납하고 면책결정이 확정되면 삭제해 줍니다.

내 채무 좀 해결해 주세요

개인회생을 신청해도 금융거래를 자유롭게 할 수 있나요?

개인회생을 신청했다고 해서 대출이 전혀 안 되는 것은 아닙니다. 물론 1금융권 대출은 힘듭니다. 2금융권이나 대부업체에서는 대출이 가능할 수도 있지만 금리가 높고 한도는 적습니다. 그리고 개인회생을 신청하면 신용카드는 면책받기 전까지는 사용하지 못한다고 생각하면 됩니다. 서울보증보험의 보증서 발급도 힘듭니다. 주택을 분양받을 때 중도금이나 잔금 대출에도 제한이 있을 수 있으니 이 점도 고려해야 합니다.

금지명령이 기각되면 어떻게 되나요?

금지명령이 기각되는 경우도 있는데 기각 사유로는 최근 채무 비중이 높은 경우, 사행성 채무가 있는 경우, 면책받고 다시 신청하는 경우 등이 있습니다. 다른 채무자와의 형평성 때문에 기각이 내려지기도 합니다. 금지명령이 기각되더라도 개시결정에는 영향을 주지 않습니다. 개시결정이 내려지면 채권자의 추심이나 압류 등이 금지되기 때문에 금지명령이 기각되면 빨리 개시결정이 날 수 있도록 회생위원이 요청하는 보정서류를 신속히 제출하는 것이 좋습니다. 실제로 금지명령이 기각되었다고 하더라도 개인회생이 법원에 접수되었다면 채권자들은 추심이나 법 조치를 하지 않는 경우가 많습니다.

5. 개인회생 절차

개인회생 절차는 어떻게 되나요?

① 서류 준비: 개인회생 신청 시에는 본인의 서류만 준비하면 됩니다. 서류 준비에 보통 2주 이상 소요됩니다.

② 법원에 신청접수: 서류가 준비되면 신청서를 작성하여 변제계획안과 함께 법원에 접수합니다. 접수하면 사건번호가 부여됩니다. 서류접수 시 금지명령과 중지명령을 함께 신청합니다.

③ 보정권고: 서류가 접수되면 회생위원이 선임되고 신청인의 서류를 검토하여 보완이 필요하거나 확인이 필요한 경우 보정권고를 내립니다. 이때 배우자 서류도 같이 제출합니다. 보정권고는 개인회생을 접수한 지 보통 한 달 이내에 나옵니다. 보정권고를 송달받은 지 보통 20일 내에 자료를 제출해야 합니다. 보정권고는 회생위원이 필요하다고 생각되면 여러 번 나올 수 있습니다. 회생위원이 변제금과 변제 기간을 조정하라고 할 수 있습니다. 그러면 그 부분에 이의를 제기할 수도 있고, 회생위원이 요청한 대로 변제금과 변제 기간을 조정하여 변제계획안을 다시 제출하기도 합니다.

④ 개시결정: 보정권고에 대해 성실히 자료를 제출하면 특별한 문제가 없는 한 개시결정이 납니다.

⑤ 채권자집회: 개시결정이 나고 약 2개월 후에 채권자집회를 개최합니다. 신청인은 채권자집회에 반드시 참석해야 합니다. 채권자집회에 참석한 후에는 개인회생 신청할 때 변제계획안에 표기한 변제시작 월을 기준

으로 현재까지 납부하지 않은 변제금을 일시에 납부합니다.

⑥ 인가결정: 채권자집회가 끝나고 변제금을 착실히 납부하면 약 4~6개월 후에 인가결정이 납니다.

⑦ 면책결정: 변제금을 완납하고 법원에 면책신청을 하면 검토 후 면책결정이 내려집니다.

개인회생 송달료는 얼마나 발생하나요?

송달료는 채권자 수에 따라 다릅니다. 송달료 = 52,000원 + (채권자 수 × 5,200원 × 8회분)

채권자집회는 어떻게 하는 건가요?

개시결정이 나면 인가결정이 나기 전에 채권자집회를 엽니다. 채권자집회는 채무자가 변제계획안을 설명하고 개인회생채권자 또는 회생위원이 그에 대한 이의 여부를 진술하는 집회입니다. 변제계획안의 인가 여부를 간이 신속하게 결정하려고 마련된 절차입니다. 채무자는 채권자집회에 출석해서 채권자의 요구가 있는 경우 변제계획안에 관해 필요한 설명을 해야 합니다. 채무자는 채권자집회에 반드시 참석해야 합니다. 2회 이상 불참 시 개인회생이 기각될 수 있습니다. 채권자는 참석하지 않는 경우가 대부분이며 변제금을 잘 납부하고 있다면 10분 정도면 끝납니다.

회생위원은 채권자집회를 마친 후 2주 이내에 채권자집회에서 이의가 있었는지 여부와 이의의 내용, 이의가 있는 경우 변제계획안이 인가요건을 충족하였는지 여부에 관한 의견 등을 기재한 보고서를 법원에 제출합니다. 법원은 이를 토대로 변제계획안 인가 여부를 결정합니다.

6. 개인회생과 소득

근로자의 소득은 어떻게 산정하나요?

근로자가 1년 이상 근무한 경우라면, 근로자의 소득은 1년 동안 받은 급여에 1년 동안 받은 총 상여금을 더합니다. 그 총액에 세금과 4대 보험료를 제외한 순소득을 12개월로 나누면 개인회생에서 산정하는 월 평균 소득이 됩니다. 취직 후 1년 이상 경과했다면 보통 직전년도 근로소득원천징수영수증을 기준으로 소득을 산정합니다. 취직한 지 1년이 안 됐다면 취직 후부터 현재까지 월 평균 소득으로 산정합니다.

개인사업자의 소득은 어떻게 산정하나요?

개인사업자의 소득은 (연간 총수입 - 연간 총지출)을 12개월로 나누어서 산정합니다. 소득 증빙서류로 사업자등록증 사본, 사업장 임대차계약서 사본, 종합소득세 확정신고서, 사업자 소득금액증명원, 부가가치과세표준, 사업자 통장거래내역서, 영업소득계산서 등이 필요합니다. 현금 소득은 영업 장부를 통해서 확인합니다.

개인사업자의 지출에는 필수적으로 지출해야 할 인건비, 영업비, 관리비, 재료비 등이 있습니다. 배우자는 근로자로 보지 않기 때문에 인건비 지출을 인정해 주지 않는 경우가 대부분입니다. 인건비의 경우, 통장거래내역과 4대 보험료를 통해 증명 가능합니다. 재료비나 영업비 지출은 프랜차이즈의 경우 본사에서 영수증을 발행하므로 쉽게 증명이 되지만 영세 사업자인 경우에는 장부와 영수증을 잘 보관하여 증명해야 합니다.

대리운전 소득은 어떻게 산정하나요?

대리운전 기사는 대부분 앱을 사용하고 있으므로 운행료 전체 금액은 앱 자료나 오더 단말기 운영기록을 다운받으면 알 수 있습니다. 운행료 전체 금액에서 회사에 입금하는 수수료와 회차 비용 등을 제외하여 수익을 산정하면 됩니다.

임금체불 중이면 소득은 어떻게 산정하나요?

임금체불 근로자의 경우 체불임금확인서상의 최종 3개월분 급여 평균을 기재합니다. 임금체불의 경우 월 평균 소득을 산정할 때 상여금, 연차수당 등을 제외하고 기본급만으로 산정합니다.

법원에서 채무자의 실제 근무 여부를 확인하나요?

개인회생 서류를 접수하면 회생위원이 선임됩니다. 회생위원은 신청인이 최근에 취직했거나 직장이 4대 보험에 가입하지 않은 경우 등 고정적인 수입이 의심되는 경우에, 직장 사진과 근무하고 있는 모습을 찍은 사진을 요청하기도 합니다. 신청인의 휴대전화 발신내역을 요청하기도 하는데 기지국이 조회가 되도록 요청합니다. 신청인이 그 장소에서 근무하고 있는지 확인하기 위해서입니다.

일용직의 경우 소득증빙을 무엇으로 하나요?

일용직의 경우, 급여를 현금으로 받고 있다면 고용주가 작성한 현금지급확인서, 회사 사업자증록증 사본, 대표자 신분증 사본을 제출해야 합니다. 팀장이 받아서 전달하는 경우, 팀장이 작성한 현금지급확인서와 팀장의 신분증 사본을 제출해야 합니다. 소득에는 식대와 교통비도 합산해야 합니다. 급여는 현금보다는 계좌로 받는 것이 개인회생 신청에 유리합니다.

소득이 가족 명의 통장으로 입금될 때는 사유서와 가족 명의 통장의 계좌거래내역서를 제출해야 합니다. 본인 명의 계좌로 입금되면 본인 명의 통장의 계좌거래내역서를 제출하면 됩니다. 급여는 가능한 본인 명의 통장으로 들어와야 확실한 증빙이 되지만 통장 압류가 우려된다면 가족 명의 통장으로 입금 받아도 됩니다. 가족 명의 통장으로 급여를 입금 받을 때 입금한 사람의 이름을 '○○○급여'라고 표기하는 것이 좋습니다. 그리고 근로계약서도 제출해야 합니다.

개인회생 진행 중에 이직한 경우는 어떻게 하나요?

개시결정 전에 이직하면 변제계획안과 관련 서류를 다시 제출합니다. 이직하고 소득이 더 높아졌다면 큰 문제가 안 되겠지만 소득이 더 낮아졌다면 법원이 의심하게 되고 조건부 인가를 내릴 수도 있습니다. 조건부 인가가 내려지면 1년마다 신청인은 본인과 배우자의 소득 관련 자료를 제출해야 합니다. 개시결정 후에 이직한 경우, 소득이 낮아져서 변제금을 납부할 수 없는 상황이라면 취하하고 다시 신청합니다. 소득이 높아진 경우라면 원칙적으로 신고해야 하지만 변제금만 잘 납부하면 크게 문제 되지는 않습니다.

내 채무 좀 해결해 주세요

7. 개인회생과 재산

어떤 재산이 청산가치에 반영되나요?

신청인은 아래 재산이 청산가치에 반영됩니다.

① 부동산(아파트, 주택): 매매시세 - 담보대출 - 임차보증금

② 부동산(토지, 거래시세가 없음): (토지의 공시지가 × 약 1.5배) - 담보대출

③ 자동차: 차량시세 - 담보대출

④ 임차보증금: 임차보증금 - 면제재산

⑤ 예금ㆍ적금: 잔고 - 185만 원

⑥ 보험: (예상)해약환급금 - 150만 원

⑦ 퇴직금: 퇴직금 × 50%

신청인의 배우자도 아래 재산의 50%가 청산가치에 반영됩니다.

① 부동산(아파트, 주택): (매매시세 - 담보대출 - 임차보증금) × 50%

② 부동산(토지, 거래시세가 없음): {(토지의 공시지가 × 약 1.5배) - 담보대출} × 50%

③ 자동차: (차량시세 - 담보대출) × 50%

④ 임차보증금: 임차보증금 × 50%

⑤ 예금ㆍ적금: 잔고 × 50%

⑥ 보험: (예상)해약환급금 × 50%

⑦ 퇴직금: 퇴직금 × 50%

임차보증금은 청산가치에 어떻게 반영하나요?

① 임차보증금에 질권이나 양도담보 등이 설정된 경우에는, 임차보증금에서 질권 설정권자의 부채 잔액을 제외한 금액을 재산으로 산정합니다. 청산가치는 이 재산에서 각 지역에 적용하는 소액임차보증금 면제재산을 추가로 제외합니다. 예를 들면, 임차보증금이 1억이고, 질권을 설정한 은행의 부채 잔액이 5,000만 원이며, 전주시에 거주한다면, 청산가치는 1억 - 5,000만 원 - 2,500만 원 = 2,500만 원이 됩니다.

② 임차보증금에 질권이나 양도담보 등이 설정되지 않은 경우 청산가치는 임차보증금에서 각 지역에 적용하는 소액임차보증금 면제재산만 제외하면 됩니다. 질권이 설정된 경우보다 청산가치가 올라가므로 변제금도 올라가게 됩니다.

③ 배우자가 임대차계약서 상에 임차인으로 되어 있고 임대차보증금을 담보로 전세자금 대출을 받았다면 배우자가 전세자금을 대출받아 임차보증금을 충당했다는 소명자료를 제출합니다. 그러면 질권 등 담보권을 설정하지 않았더라도 임차보증금에서 전세자금 대출금을 제외한 금액의 절반을 청산가치로 반영합니다.

부동산의 가치평가 방법에는 어떤 것이 있나요?

① 실거래가: 실제로 거래되는 부동산 가격입니다. 국토교통부 실거래가 공개시스템에서 알 수 있습니다. KB부동산시세 등도 참고할 수 있습니다. 국토교통부 실거래가 공개시스템에는 아파트, 연립, 다세대, 단독, 공장, 창고 등의 실거래가 조회가 가능합니다.

② 공시지가: 공시지가는 재산세 등 세금을 계산할 때 과세표준이 됩니

다. 땅의 경우에는 공시가라고 하고 단독주택이나 아파트 등은 공시가격이라고도 합니다. 표준공시지가는 국토교통부에서 공시하며, 개별공시지가는 지방자치단체에서 공시합니다. 일반적으로 공시가는 실거래가보다 낮습니다.

③ 기준시가: 기준시가는 양도소득세, 상속세 등의 과세표준이 됩니다. 국세청 홈텍스에서 조회 가능합니다. 일반적으로 기준시가도 실거래가보다 낮습니다.

개인회생 신청하면 부동산이 경매로 넘어가나요?

부동산에 담보대출이 있는 경우, 별제권으로 분리되어 별도로 상환해야 합니다. 개인회생을 신청하면 금지명령과 중지명령이 내려지므로 부동산 담보 채권자는 경매를 진행하지 못합니다. 그러나 인가결정이 나면 부동산을 경매로 넘길 수 있습니다. 개인회생 신청 자체를 기한이익의 상실로 보기 때문입니다. 그러므로 개인회생 신청 전에 담보 채권자와 잘 협의하여 개인회생을 신청하더라도 원리금을 잘 상환하겠다고 약속하고 경매에 넘기지 않겠다는 확약을 받은 다음에 개인회생을 신청하는 것이 좋습니다.

개인회생 신청하고 부동산이 경매에 넘어가면 배당 후에 남은 채무에 대해 상환 의무가 있으므로 담보 채무도 채권자 목록에 넣어야 합니다. 그래야 남은 채무에 대해서도 면책을 받을 수 있습니다. 자동차 담보대출도 마찬가지 경우입니다. 만약, 채무를 감당할 수 없어 곧 강제집행 및 경매를 당할 상황이라면 일단 개인회생을 신청하여 중지명령을 받아 강제집행 및 경매를 중지시킨 후 부동산을 정리한 다음에 다시 개인회생을 신청하거나 개인워크아웃을 신청하는 방법도 고려할 필요가 있습니다.

과거 재산 처분 현황도 소명해야 하나요?

개인회생을 신청하면 보통 최근 5년간 지방세세목별과세증명서를 제출합니다. 그러므로 최근 5년간의 부동산이나 자동차의 소유 및 처분 현황을 알 수 있습니다. 처분한 부동산이나 자동차 대금을 어디에 사용했는지 소명하도록 요구할 수 있습니다. 또한 해약한 보험료, 돌려받은 전세보증금, 중간 정산한 퇴직금, 일정 금액 이상으로 인출된 예금 등이 있다면 사용처를 소명하도록 요구할 수 있습니다. 소명하지 못한다면 청산가치에 반영될 수 있습니다.

다른 사람의 재산이 내 명의로 있을 때 청산가치에 반영하나요?

명의신탁과 수탁은 불법이니 하지 않는 것이 좋습니다. 부모나 형제의 재산을 내 명의로 등기해 놓으면 채권자가 압류 및 경매로 재산을 처분할 수 있습니다. 개인회생을 신청할 때 청산가치에 반영되지 않으려면 실제 내 재산이 아니라는 사실을 소명해야 합니다. 부모나 형제에게 계좌로 입금 받아 매입했다는 증빙 같은 것을 제출해야 합니다. 소명을 제대로 못하면 청산가치에 반영될 수밖에 없습니다.

8. 부양가족 기준

부양가족은 어떻게 산정하나요?

신청인 본인은 부양가족에 포함됩니다. 만 19세 미만인 미성년 자녀도 부양가족에 포함됩니다. 미성년 자녀라도 만 18세인 경우에는 1년만 있으면 성인이 되므로 부양가족으로 인정해 주지 않는 경우도 있습니다. 배우자는 원칙적으로 부양가족에 포함이 안 됩니다. 그러나 배우자에게 장애가 있거나 일할 능력이 없는 경우에는 부양가족에 포함될 수 있습니다. 하지만 배우자가 육아휴직 중이더라도, 직장이 없더라도, 부양가족으로 인정받기는 힘듭니다. 성년 자녀일지라도 장애가 있거나 심각한 질병 등으로 신청인이 돌봐야 할 상황이라면 부양가족에 포함될 수 있습니다. 부모님은 신청인과 동거 여부, 연령, 소득, 재산, 신청인 외 자녀의 상황 등을 고려하여 부양가족에 포함 여부를 결정합니다.

부부 모두 소득이 있으면 부양가족은 어떻게 나누나요?

신청인의 배우자가 수입이 있는 경우에는, 배우자의 소득이 신청인 소득의 70%~130% 범위 내에 있으면 주 수입원과 부 수입원의 구별이 곤란하다고 보고 부양가족을 균등하게 배분합니다. 배우자의 소득이 신청인 소득의 130%를 넘으면 소득 없는 나머지 구성원을 배우자가 모두 부양하는 것으로 봅니다. 배우자의 소득이 신청인 소득의 70% 미만인 경우에는 신청인이 모두 부양하는 것으로 봅니다.

예를 들어, 미성년 자녀가 2명인 경우에 배우자의 소득이 신청인 소득의 70%~130% 범위 안에 있다면 신청인의 부부가 공동 부양하므로 신청인의 부양가족은 본인과 미성년 자녀 1명을 포함하여 2명입니다. 배우자의 소득이 신청인 소득의 130%를 넘으면 배우자가 미성년 자녀 2명을 모두 부양하는 것으로 보기 때문에 신청인의 부양가족은 본인 1명입니다. 배우자의 소득이 신청인 소득의 70% 미만이라면 신청인이 단독 부양자가 되어 신청인의 부양가족은 본인 포함 3명입니다.

부모님을 부양가족으로 인정받을 수 있나요?

법적으로 정해진 것은 없지만, 보통 신청인과 등본상 1년 이상 거주하고 만 65세 이상이며 소득과 재산이 없거나 적어야 합니다. 다른 형제가 있고 그 형제에게 어느 정도 재산과 소득이 있다면 부모님을 부양가족으로 인정받기가 어렵습니다. 부모님을 부양가족으로 인정받더라도 부모님이 연금 등을 수령하고 있다면 그 금액만큼 최저생계비에서 차감해야 합니다.

태아도 부양가족에 넣을 수 있나요?

태아를 부양가족에 넣으려면 임신확인서, 산모수첩, 건강보험 임신출산진료비지급신청서 등을 제출해야 합니다.

내 채무 좀 해결해 주세요

9. 변제금 산정

월 변제금은 어떻게 산정하나요?

월 변제금은 (월 평균수입 - 최저생계비)로 산정합니다. 월 평균수입에서 최저생계비를 제외한 금액이 가용소득인데 개인회생은 가용소득을 전부 투입하는 것이 원칙입니다.

개인회생의 상환 기간은 어떻게 되나요?

월 변제금이 정해지면 3년 동안 상환해야 합니다. 개인회생 기간에 채무자가 최저생계비로 살아야 하기 때문에 상환 기간이 너무 길면 힘들어지기 때문입니다. 그러나 법원은 채무자가 신청한 월 변제금이 적거나, 채무액 대비 총 변제액이 적거나, 총 변제금이 청산가치에 못 미치거나, 소득이 의심스럽거나, 세금 미납 등이 있는 경우에 상환 기간을 최대 5년까지 늘리라고 요구할 수 있습니다. 그러나 5년을 초과할 수는 없습니다. 보통 상환 기간은 40~50개월 정도로 보면 됩니다.

최저생계비는 어떻게 산정하나요?

최저생계비는 기준 중위소득의 60%로 산정하고 있습니다. 기준 중위소득이란 대한민국 국민 가구소득의 중간 값이라 할 수 있습니다. 기준 중위소득의 60%에 해당하는 금액이 최저생계비입니다.

2024년 기준중위소득과 최저생계비는 다음과 같습니다.

가구원 수	기준중위소득(원)	최저생계비(원) (중위소득 60%)
1명	2,228,445	1,337,067
2명	3,682,609	2,209,565
3명	4,714,657	2,828,794
4명	5,729,913	3,437,948
5명	6,695,735	4,017,441

생계비를 추가로 인정받을 수 있나요?

본인과 부양가족에 고정적으로 반드시 지출하는 의료비는 제한 없이 추가 생계비로 인정받을 수 있습니다. 특수 교육비 등도 소명이 가능하다면 월 50만 원 이상도 추가 생계비로 인정받을 수 있습니다. 드물지만 법원에 따라 주택담보대출 이자, 학원비를 추가생계비로 인정해 주기도 합니다.

청산가치란 무엇인가요?

청산가치란, 채무자가 파산하는 경우 파산절차에서 채권자에게 배당할 수 있는 가치를 말합니다. 청산가치 보장의 원칙이란, 개인회생 절차에서 최소한 청산가치 이상의 변제를 보장해 주어야 한다는 원칙입니다. 그래서 변제계획안을 작성할 때 파산 시 채권자에게 청산 배당할 금액 이상으로 변제액을 설정해야 합니다. 만약 3년 동안 가용소득 전부를 변제에 투입하더라도 청산가치를 보장하지 못한다면 변제 기간을 5년 이내에서 청산가치 이상이 될 때까지 늘려야 합니다.

총 변제금이 청산가치에 못 미치면 어떻게 해야 하나요?

변제 기간을 5년까지 늘려도 총 변제금이 청산가치에 못 미치면 인가가 나지 않을 수 있습니다. 그럴 경우 채무자의 재산을 처분하여 변제에 투입하겠다고 하면, 인가가 날 수 있습니다. 재산 처분은 인가일로부터 1년 이내 하는 것이 원칙이며 늦어도 2년 이내에는 처분해야 합니다.

현재가치는 어떻게 산정하나요?

개인회생은 총 변제금의 현재가치가 청산가치보다는 많아야 합니다. 이 총 변제금은 일시에 납부하는 것이 아니라 3~5년에 걸쳐 나누어 내기 때문에 장래에 화폐가치가 떨어지는 것을 반영해야 합니다. 그래서 가용소득에 변제 개월 수를 곱한 총 변제금의 현재가치를 산정해야 합니다. 현재가치를 산정할 때 라이프니츠 수치를 활용합니다.

개월 수	라이프니츠 수치	개월 수	라이프니츠 수치	개월 수	라이프니츠 수치
1	0.99	21	20.06	41	37.61
2	1.98	22	20.98	42	38.45
3	2.97	23	21.88	43	39.29
4	3.95	24	22.79	44	40.12
5	4.93	25	23.69	45	40.95
6	5.91	26	24.59	46	41.78
7	6.88	27	25.48	47	42.60
8	7.85	28	26.37	48	43.42
9	8.81	29	27.26	49	44.23
10	9.77	30	28.14	50	45.05
11	10.72	31	29.02	51	45.85

12	11.68	32	29.90	52	46.66
13	12.62	33	30.77	53	47.46
14	13.57	34	31.64	54	48.26
15	14.51	35	32.50	55	49.06
16	15.44	36	33.36	56	49.85
17	16.37	37	34.22	57	50.64
18	17.30	38	35.07	58	51.42
19	18.23	39	35.92	59	52.21
20	19.15	40	36.77	60	52.99

　예를 들면, 변제개월 수가 60개월이고 가용소득이 월 30만 원이며 청산가치가 17,000,000원인 경우, 먼저 60개월에서 3개월을 뺀 57개월에 해당하는 라이프니츠 수치를 찾습니다. 그 수치는 50.64입니다. 거기에서 3개월에 해당하는 숫자 3을 더합니다. 그러면 53.64가 됩니다. 53.64개월에 가용소득 30만 원을 곱합니다. 그러면 16,092,000원이 됩니다. 그러나 원래 총 변제금은 30만 원에 60개월을 곱한 18,000,000원이었습니다. 16,092,000원이 18,000,000원의 현재가치인 것입니다. 총 변제금 18,000,000은 청산가치 17,000,000원보다는 높지만 현재가치 16,092,000원보다는 적습니다.

　그래서 변제금을 30만 원에서 32만 원으로 올려야 합니다. 32만 원에 60개월을 곱하면 19,200,000원입니다. 이것의 현재가치는 32만 원에 53.64를 곱한 17,164,800원이 되어 청산가치 17,000,000원보다 큽니다. 그래서 변제개월 수를 30개월이 아닌 32개월로 해야 합니다.

개인회생 재단채권이란 무엇인가요?

개인회생 신청자가 개인회생제도를 적법하게 이용하기 위해서 별도로 미리 변제해야 하는 채권을 말합니다. 재단채권은 개인회생 인가 전에 반드시 변제해야 합니다. 변제하지 못하면 개인회생은 기각됩니다. 재단채권은 다음과 같습니다.

① 파산채권자의 공동의 이익을 위한 재판상 비용 청구권

② 파산재단의 관리, 배당에 관한 비용

③ 파산재단에 관하여 파산관재인이 한 행위로 인한 청구권

④ 채무자 및 그 부양을 받는 자의 부양료

⑤ 채무자가 고용한 근로자 임금, 퇴직금, 재해보상금

⑥ 파산선고 전의 원인으로 발생한, 채무자가 고용한 근로자의 임치권 및 신원보증금의 반환청구권

실무에서는 신청일 60일로부터 90일 사이의 특정한 날을 1변제기일로 정하여 변제계획안을 작성합니다. 그래서 최초 변제일 이전에 개인회생 재단채권의 변제를 완료해야 하는 문제가 발생합니다. 재단채권이 클 경우 변제할 방법이 없고 변제계획 수행이 불가능하다고 판단되면 절차가 폐지될 수 있습니다.

양육비를 주고 있는 경우 변제금을 어떻게 산정하나요?

예를 들어 소득이 200만 원이고 최저생계비가 100만 원이어서 변제금 100만 원을 법원에 입금하는 경우라면, 법원에서 전 배우자에게 50만 원

을 양육비로 입금해 주고 나머지 50만 원을 채권자에게 배분해 주는 방법이 있습니다.

그런데 이런 방법으로 하면 인가결정이 나야만 전 배우자에게 한꺼번에 양육비가 입금되기 때문에 전 배우자의 생활에 어려움이 있을 수 있습니다. 그래서 최근에는 양육비를 추가 생계비로 인정해 주거나 소득에서 차감하는 방법으로 변제금을 줄여 주고 양육비는 신청인이 직접 전 배우자에게 주도록 합니다. 그리고 양육비 입금내역서를 6개월에 1번 정도 법원에 제출하도록 요청합니다.

개인회생 전에 압류된 급여는 어떻게 해야 하나요?

채무자의 급여 등에 대한 압류 적립금은 개인회생 재단에 속하며 개인회생 재단을 관리하고 처분할 권리는 회생위원이 갖습니다. 변제계획 인가 시까지 가압류나 압류로 인해 적립된 급여는 청산가치에 반영합니다. 압류 적립금은 채무자의 소유이므로 인가결정이 나면 채무자에게 반환할 돈입니다. 그러나 그 금액이 상당히 큰 경우에는 압류 적립금을 조기에 변제하는 데 사용하고 변제한 금액만큼 월 변제금을 줄이는 방식으로 변제계획을 작성하도록 권고합니다.

예를 들어 월 변제금이 50만 원이고 총 36회 변제한다고 하면 총 변제금은 1,800만 원입니다. 그러나 압류 적립금이 500만 원이 있는 경우 이 압류 적립금을 일시에 변제에 사용한다면 총 변제금은 1,300만 원으로 줄어듭니다. 1,300만 원을 36회로 나누면 월 변제금이 약 36만 원으로 14만 원 정도 줄어들게 됩니다.

개인회생 인가 후 변제계획안을 변경할 수 있나요?

변제계획안을 변경할 만한 사유가 있다면 법원에 변제계획안 변경신청을 할 수 있습니다. 질병에 걸린 경우에는 진단서, 입퇴원확인서 등을 제출합니다. 소득이 감소한 경우에는 직장 사직에 대한 경위서, 휴직서 등을 제출합니다. 최저생계비가 높아진 경우에는 부양가족의 증가를 알 수 있는 가족관계증명서를 제출해야 합니다.

법원에서는 변경신청을 받으면 채권자집회를 열어 채권자에게 이의를 제기할 기회를 줍니다. 채권자 이의가 없고 변경요건에 부합하다고 판단되면 법원은 변경신청에 대해 인가결정을 합니다.

개인회생은 최소 어느 정도를 변제해야 하나요?

채무액이 5,000만 원 미만인 경우에는 최소 5% 이상을 변제해야 합니다. 채무액이 5,000만 원 이상이라면 최소 3%에 100만 원을 추가한 금액을 변제해야 합니다.

체납세금은 어떻게 변제해야 하나요?

세금은 우선적으로 전액 변제해야 합니다. 만약 변제 기간이 36개월이라면 최소 18개월 안에 체납세금에 대한 변제가 이루어져야 합니다. 만약 18개월 안에 변제할 수 없다면 변제 기간을 최대 5년까지 연장해야 합니다. 변제 기간을 5년으로 연장했을 때 세금은 30개월 안에 변제를 해야 하는데 30개월 안에 변제가 안 된다면 인가가 나지 않을 수 있습니다. 왜냐하면 체납세금만 변제하면 일반 채권자들은 변제를 받지 못하므로 형평성에 어긋나기 때문입니다. 체납세금이 많은 경우, 차라리 대출 여력이 있다면 대출을 받아 체납세금을 변제하고 개인회생을 신청하는 것도 방법이 될 수 있습니다.

계좌거래내역에서 어떤 점이 문제 될 수 있나요?

회생위원마다 다소 다르겠지만 보통 계좌거래내역에서 입금과 출금 금액이 50만 원 혹은 100만 원 이상인 경우에는 소명하도록 요구할 수 있습니다. 그 금액을 대출금 상환, 카드 대금 지급, 생활비로 사용한 경우에는 소명한다면 문제 될 것은 없습니다. 그러나 소명을 못 하는 경우에는 청산가치에 반영될 수 있습니다. 특히 최근 채무에 대해서는 사용처를 더 자세하게 소명하도록 요구할 수 있습니다. 그리고 대출금이 어디로 사용되었는지 계좌로 소명을 요구할 수 있습니다. 역시 제대로 소명을 못 하면 청산가치에 반영될 수 있습니다. 주식이나 도박, 유흥비 등으로 사용했다면 역시 청산가치에 반영될 수 있습니다.

변제금은 언제부터 납부하나요?

개인회생 서류를 제출할 때 변제계획안도 같이 제출합니다. 실무적으로 첫 회 변제금은 변제계획안을 제출한 날로부터 60일~90일이 경과한 시점입니다. 예를 들면, 1월 말에 변제계획안을 법원에 제출할 때 첫 회 변제일은 약 90일이 지난 시점인 4월 말로 기재합니다. 그런데 4월 말까지 개시결정이 나지 않는다면 4월 말부터 납부한다고 했지만 실제 납부하지 않고 개시결정을 기다립니다. 만약 개시결정이 7월에 난다면 4월부터 7월까지 4회 변제금을 7월에 일시에 납부해야 합니다. 개시결정 시점이 아닌 채권자집회가 끝난 후 변제금을 일시에 납부하기도 합니다. 그렇기 때문에 변제금을 미리 모아 놓아야 합니다. 만약 개시결정이 났는데도 변제금을 제대로 납부하지 않는다면 인가결정이 나지 않을 수 있습니다.

변제금은 어떤 계좌로 입금하나요?

개시결정을 받으면 변제금을 입금할 가상계좌번호를 알려 줍니다. 그 계좌로 매월 납부하면 됩니다. 연체되지 않도록 자동이체를 신청하는 것이 좋습니다.

10. 채권자 목록

채권자 목록은 어떤 순서로 제출하나요?

채권자 목록은 다음과 같은 순서로 제출합니다.

① 우선권 있는 채권: 국세, 지방세, 4대 보험 등이 있습니다. 면책 제외 채권으로서 최우선 변제를 받으며 전액 변제해야 합니다.

② 담보부 채권: 주택담보대출, 자동차 담보대출 등이 있습니다. 별제권이며 별도로 변제해야 합니다. 개인회생 신청하고 금지명령과 중지명령이 나면 일정 기간 채권추심이나 경매신청 등을 할 수 없지만 인가결정이 나면 채권추심이 가능하고 경매도 신청할 수 있습니다.

③ 무담보 채권: 신용대출, 개인 채권 등이 있습니다. 면책이 가능하며 변제계획에 따라 변제됩니다.

④ 후순위 채권: 벌금, 과료, 추징금 등이 있습니다. 후순위 채권은 가장

늦게 변제를 받을 수 있으며 대부분은 개인회생 절차를 통해서 변제가 어렵습니다. 개인회생과 별도로 변제해야 하는 비면책 채권입니다.

개인 채무를 채권자 목록에 넣을 수 있나요?

개인 채무도 채권자 목록에 넣을 수 있습니다. 하지만 개인 채무를 허위로 채권자 목록에 넣는 경우가 있어 차용증이나 판결문이 있어도 인정이 안 될 수 있습니다. 개인 채무인 경우 계좌로 입금 받았고 사용처를 소명한다면 법원에서 개인 채무로 인정해 줄 가능성이 높습니다. 가족은 채권자로 인정받지 못할 가능성이 큽니다. 다른 채권자가 받는 변제금이 줄어들기 때문입니다. 가족에게 빌린 채무를 채권자 목록에 넣을 수는 있지만 법원에서 제외하라는 보정명령이 나올 수 있습니다.

대위변제가 안 된 보증서 대출도 채권자 목록에 포함하나요?

신용보증재단이나 서민금융진흥원처럼 지급보증을 해 준 대출도 채권자 목록에 넣습니다. 아직 대위변제가 되지 않아도 채권자 목록에 대출은행 바로 아래에 보증기관을 추가하여 기록합니다. 보증기관 부채증명서도 발급받아 제출합니다. 아직 대위변제가 되지 않아도 부채증명서 발급이 가능합니다.

개인회생 인가 전에 대위변제가 된다면 보증기관을 일반 채권자로 수정합니다. 그리고 법원에 채권자 목록과 변제계획안 수정허가서를 제출합니다. 개인회생 인가 후에 대위변제가 된다면 신청인 곧 채무자는 아무런 조치를 할 필요 없습니다. 기존에 내고 있던 월 변제금만 잘 내면 됩니다.

거래처 외상대금도 개인회생 채권에 포함시킬 수 있나요?

거래처에서 외상으로 매입한 대금도 개인회생 채권에 포함시킬 수 있습니다. 그러나 신용저하로 거래처에서 물품을 공급받지 못할 수가 있습니다.

보증 채무도 개인회생으로 해결 가능한가요?

주 채무자가 파산이나 개인회생으로 면책을 받았더라도 보증인은 변제할 의무가 있습니다. 그래서 주 채무자가 개인회생을 신청하면 채권자는 기한이익상실의 이유로 보증인에게 청구합니다. 그러므로 보증인은 채무를 모두 변제하거나 파산이나 개인회생을 신청하여 면책을 받아야 합니다. 보증인이 채무를 변제했다면 주 채무자에게 구상권을 청구할 수 있습니다. 그러나 변제 전에 주 채무자가 보증인을 채권자 목록에 넣고 파산이나 회생을 신청해서 면책을 받았다면 구상권을 청구할 수 없습니다.

구상금 채무도 채권자 목록에 넣을 수 있나요?

구상금 채무의 경우, 보험금 지급의 원인에 불법적인 요소가 있더라도 일반 민사 채무의 성격을 갖게 되므로 특별한 사정이 없는 한, 개인회생을 통해 면책 가능합니다.

채권자 목록에 누락되면 어떻게 하나요?

인가결정 전까지 채권자가 누락되었다는 사실을 알게 되면 채권자 목록에 추가할 수 있습니다. 하지만 인가결정 후에는 누락된 채권자를 채권자 목록에 추가할 수 없습니다. 누락된 채무 금액이 적은 경우에는 개인회생과 별도로 상환해야 합니다. 만약 채무금액이 커서 별도로 상환하기 힘들다면 개인회생을 취소하고 다시 신청하거나, 계속 연체한 다음에 개인회생 면책을 받은 후 개인워크아웃 신청을 해야 합니다. 개인회생 중에는 개인워크아웃 신청이 불가하므로 면책을 받을 때까지 연체할 수밖에 없습니다.

11. 별제권

별제권이란 무엇인가요?

별제권이란, 파산재단의 특정재산에서 다른 채권자보다 우선하여 변제를 받을 수 있는 권리를 말합니다. 개인회생에서는 채무자가 갚아야 하는 변제금과 구분하여 따로 변제받을 권리를 말합니다. 부동산 담보대출, 자동차 담보대출, 전세자금 질권 설정 등이 해당합니다. 별제권을 가진 채권자는 담보물건을 처분하여 채권을 회수할 수 있는데 개인회생 변제금만 받고 채무자가 면책받도록 놔둘 이유가 없습니다. 따라서 별제권 채무는 개인회생과 별도로 상환해야 합니다.

차량에 저당권이 설정되어 있으면 어떻게 하나요?

① 차량에 저당권이 설정된 경우: 별제권으로 개인회생 채권과 별도로 상환해야 합니다. 채무자가 변제하지 않으면 채권자는 소송 없이 바로 공매처리 할 수 있습니다. 공매처리를 하면 더 이상 담보 채무가 아니므로

남은 채무는 개인회생 채권에 포함시켜 변제하면 됩니다.

② 차량을 카드 할부로 구매한 경우: 저당권이 설정되지 않은 신용대출입니다. 차량 소유자가 채무자이므로 차량 시세를 청산가치에 반영합니다. 남은 할부금은 개인회생 채권에 포함시켜 변제합니다.

③ 차량을 리스하거나 장기 렌트한 경우: 차량을 반납하고 위약금을 개인회생 채권에 포함시켜 상환하거나, 차량을 유지하면서 리스, 렌트 비용을 별도로 납부하면 됩니다.

공무원연금 담보대출도 개인회생으로 변제 가능한가요?

공무원연금공단이나 군인연금공단에서 대출을 받은 공무원연금 담보대출의 경우에는 비면책 채권으로 개인회생이 끝난 후에도 끝까지 변제해야 합니다. 연금담보대출을 받으면 급여에서 이자와 원금 일부가 자동으로 상환되고 나머지를 지급 받게 됩니다. 개인회생을 신청하면 일반금융권에서 받은 대출금과 동일하게 개인회생 절차에서 변제금 중 일부를 배당받게 되므로 급여에서 원리금이 빠져나가지 않습니다. 그러나 면책을 받았다고 하더라도 연금대출은 비면책이므로 개인회생 면책결정 후에도 계속 상환해야 합니다. 연금담보대출을 상환하지 못하고 퇴직하면 잔존 채무는 퇴직금에서 공제합니다.

연금대출 외에 공세회에서 대출을 받은 경우가 있는데 공제회 대출의 경우에는 일반 채권과 동일하게 면책결정을 받으면 잔여 채무에 대해서도 면책 효력을 받습니다. 공제회 대출의 경우에는 서울보증보험과 같은 보증회사가 보증을 해 주므로 개인회생을 신청하면 보증회사에서 대위변제를 해 주기 때문입니다.

확정채권과 미확정채권은 어떤 차이가 있나요?

개인회생 변제계획안을 보면 확정채권과 미확정채권으로 구분됩니다. 확정채권은 신용대출이나 카드대출처럼 대출원금과 이자가 명확하게 정해진 채권을 말합니다. 그렇기 때문에 채무자가 변제금을 납부하면 채권자가 배당 받을 금액이 확정된 채권입니다. 미확정채권은 담보대출처럼 원금이나 이자를 계속 상환하고 있는 상황이기 때문에 채권자가 배당 받을 금액이 명확하게 정해지지 않은 채권을 말합니다.

변제계획안에 미확정채권을 기재하는 까닭은 무엇인가요?

차량이나 부동산 담보 채무를 갚지 못해 담보권을 가지고 있는 채권자가 경매 처리하는 경우가 발생할 수 있습니다. 그러나 경매 처리가 되어도 채권을 모두 회수하지 못해 담보 채무가 신용 채무로 되는 경우가 발생할 수 있습니다. 그럴 가능성이 있으므로 미확정채권을 기재합니다.

채무자가 개인회생을 신청하여 변제금을 납부하면 법원에서는 채권자에게 배분해 줍니다. 그러나 미확정채권은 바로 배분하지 않고 모아 놓습니다. 그러다가 변제 기간이 끝날 때까지 담보 채무 원리금을 미납 없이 납부하여 경매 처리가 되지 않았다면 미확정채권으로 모아 놓은 금액은 다른 확정채권자들에게 배분이 됩니다.

그러나 개인회생 중에 부동산이 경매 처리되면 미확정채권이 확정채권이 됩니다. 이런 경우 변제계획안을 변경합니다. 그러나 변제계획안을 변경하더라도 월 변제금, 변제 횟수, 총 변제금은 변함이 없습니다. 다만 채권자들에게 분배되는 금액은 약간 변동이 될 수 있습니다. 이렇게 미확정채권이 확정채권이 되면 확정채권자들은 약간 변동된 금액으로 조정되어 배분을 받습니다.

전부명령이 있는 경우에는 어떻게 변제하나요?

전부 채권자의 채권금액은 전부명령이 실효되는 것을 전제로 개시신청 시점을 기준으로 산정한 금액을 미확정채권으로 기재합니다. 그리고 인가결정이 나면 확정된 금액을 산정하여 변제합니다.

12. 개인회생 인가와 면책

인가결정은 어떤 효력이 있나요?

최초 변제 개시일부터 인가 시까지 납입해야 할 적립금이 모두 입금되어야 인가 가능합니다. 인가결정문은 송달하지 않습니다. 대법원 홈페이지에 공고하며 공고 후 14일이 경과하면 확정됩니다. 인가결정이 나면 효력이 채무자 및 채권자 목록에 기재된 개인회생 채권자에게 미치고 개인회생 재단에 속하는 모든 재산은 채무자에게 귀속됩니다. 강제집행, 가압류, 가처분 등 중지된 절차는 효력을 잃습니다. 단, 담보권 실행을 위한 임의경매 절차는 속행할 수 있습니다.

변제금을 모두 납부하지 않아도 면책을 받을 수 있나요?

채무자가 변제를 완료하지 못한 경우에도 일정 요건을 충족한 경우에는 특별면책을 신청할 수 있습니다. 특별면책 요건은 다음과 같습니다.

① 채무자가 불가피한 사유로 변제를 완료하지 못한 경우: 비자발적 실직, 급여감소, 본인이나 가족의 질병 등이 원인이어야 합니다.

② 청산가치 이상을 변제한 경우: 인가결정 시점의 청산가치보다 더 많은 변제금을 납부한 경우입니다. 채권자들을 보호하기 위한 요건입니다.

③ 변제계획 변경이 불가능한 경우: 가용소득이 감소되어 변제계획 변경조차 신청할 수 없는 경우입니다.

개인회생 면책결정이 나면 신용카드를 발급받을 수 있나요?

면책결정이 확정되면 신용카드 발급은 가능하지만 현실적으로 즉시 발급은 힘들며 신용점수가 어느 정도 올라가야 합니다. 금융기관에 예금과 적금이 있고 체크카드를 만들어 사용하고 있으며 공과금 등을 자동이체한다면 신용점수가 점차 올라갈 것입니다. 그러나 개인회생 채권자 목록에 포함된 신용카드사는 면책 후에도 내부 정보를 보관하고 있으므로 해당 카드사에서는 신용카드 발급이 어려울 수 있습니다.

면책을 받으면 바로 신용등급이 올라가나요?

면책이 결정되고 약 2주 후에 공공 정보가 삭제됩니다. 공공 정보가 삭제되어야 원활한 금융거래가 이루어지고 신용도도 올라갑니다. 면책되었다고 해서 바로 신용등급이 올라가지 않습니다. 개인회생 전의 등급보다 2~3단계 정도 상승합니다. 그래도 사회 초년생과 비슷한 신용등급이 주어집니다. 꾸준하고 반복적인 금융거래가 이루어진다면 신용등급이 조금씩 상승합니다.

인가결정 받고 통장 압류를 어떻게 해제할 수 있나요?

인가결정을 받으면 통장 압류를 해제할 수 있습니다. '통장 압류해제신 청서'를 작성하여 압류를 집행한 법원에 접수하면 법원에서 압류한 은행 에 통장을 해제하도록 통지합니다. 신청서와 함께 인가결정문, 확정증명 원, 채권자 목록, 압류결정문을 제출해야 합니다. 인가결정문, 확정증명 원, 채권자 목록은 개인회생을 신청한 법원에서 발급을 받습니다. 압류결 정문은 압류를 집행한 법원에서 발급을 받습니다. 압류 건에 대한 사건번 호를 알고자 한다면, 나의 사건검색에서 기타집행을 클릭하여 조회하면 됩니다.

13. 개인회생 기각, 폐지

어떤 경우에 개인회생이 기각을 당할 수 있나요?

아래 사항에 해당하면 기각을 당할 수 있습니다.

① 신청자격을 갖추지 않은 경우

② 개인회생 준비서류를 제출하지 않거나, 허위 제출하거나, 기한을 초 과하여 제출한 경우

③ 인지대, 송달료, 예납금 등 비용을 납부하지 않은 경우

④ 변제계획안의 제출기한을 미준수한 경우

⑤ 면책이 확정된 후 5년 내에 재신청한 경우

⑥ 청산가치 보장의 원칙을 지킬 수 없는 등 채권자 일반의 이익에 부적

합한 경우

⑦ 신청이 성실하지 않고 보정명령을 이행하지 않는 등 절차를 지연시키는 경우

개인회생이 폐지되면 바로 재신청할 수 있나요?

폐지공고가 난 후 이의신청 기간 2주일이 경과되면 재신청이 가능합니다.

개인회생이 미납되어 폐지되면 어떻게 해야 하나요?

변제금을 미납하여 폐지된 경우, 폐지공고 후 2주일 내(법원 문서를 송달받은 경우에는 1주일 내) 변제금을 일시에 납부한 다음에 항고를 해야 합니다. 만약, 항고 기간이 넘어가 버리면 변제금을 일시에 납부하고 추완항고를 해야 합니다. 추완항고는 폐지결정문을 받지 못한 경우 등에 할 수 있습니다. 추완항고는 좀 더 엄격하게 심사를 합니다. 그러나 채무자가 변제금을 갚을 의사가 있고 채무자가 빚을 갚는 것이 채권자의 이익에도 부합하므로 법원에서 추완항고를 인정해 줄 가능성이 있습니다.

개인회생이 폐지되면 그동안 납부한 돈은 어떻게 되나요?

3개월 이상 변제금이 연체되면 법원에서 개인회생 폐지를 예고합니다. 그러나 실제로는 6~7회 연체까지 기다려 주는 법원도 있습니다. 개인회생이 폐지되면 그동안 납부한 변제금은 원금이 아닌 이자부터 상환한 것으로 처리됩니다. 그러므로 폐지되지 않도록 변제금을 잘 납부해야 합니다.

개인회생이 폐지되면 채권자들은 어떤 조치를 하나요?

개인회생 인가 전에 폐지되면 채권자들은 바로 추심이 가능합니다. 그러나 압류와 같은 강제집행은 바로 할 수 없습니다. 지급명령신청이나 소송을 제기하여 승소해야 가능합니다. 개인회생 인가 후에 폐지됐다면 개인회생 채권자 목록에 들어간 채권자들은 별도 소송 없이 바로 강제집행이 가능합니다. 따라서 개인회생이 폐지됐다면 미납된 변제금을 완납하고 즉시항고를 하든지 개인워크아웃을 신청해야 합니다.

개인회생 재신청은 몇 회까지 가능한가요?

개인회생 재신청에는 법적으로 횟수의 제한이 없습니다. 개인회생이 폐지되었다면 폐지공고가 난 후 2주일이 경과되면 재신청이 가능합니다. 단, 파산면책이나 개인회생 면책을 받은 경우에는 5년이 경과되어야 재신청이 가능합니다. 만약 인가결정 후 채권자 목록에 누락된 채권을 발견하였고 그 금액이 상당하다면 폐지하고 재신청할 필요도 있습니다.

3장

신용회복위원회 채무조정제도

1. 신용회복위원회는 어떤 곳인가요?

　신용회복위원회는 개인워크아웃, 프리워크아웃, 신속 채무조정 등을 지원하는 곳으로 2002년 10월에 설립되었습니다. 그리고 '서민의 금융생활 지원에 관한 법률'이 제정되어 시행됨에 따라 2016년 9월 23일 특수법인으로 재출범하였습니다. 빚이 너무 많아 정상적으로 상환하기 어려운 사람들을 대상으로 상환 기간 연장, 분할상환, 이자율 조정, 상환유예, 채무 감면 등의 방법으로 상환조건을 변경하여 경제적으로 재기할 수 있도록 지원하고 있습니다. 지금은 개인회생과 개인파산도 무료로 지원하고 있습니다.

2. 채무조정 대상

신용회복위원회에서는 어떤 채무를 조정받을 수 있나요?

　신용회복위원회에서는 금융회사 채무만 조정 가능합니다. 금융회사도 신용회복위원회 협약에 가입한 금융회사만 채무조정 대상입니다. 따라서 개인 채무, 통신비, 협약에 가입하지 않은 금융회사 채무 등은 조정 대상이 아닙니다. 협약에 가입한 금융회사가 어디인지는 신용회복위원회 홈페이지에서 확인 가능합니다.

　협약에 가입한 금융회사 채무라도 담보 채무인 경우에는 신청은 가능하지만 사실상 채무조정을 받기가 힘듭니다. 채권자가 거의 동의를 해 주지 않기 때문입니다. 다만, 담보 채무가 매각이나 경매 등으로 담보권이 소멸하면 채무조정이 가능합니다. 보험약관대출도 채무조정 대상이 아닙니다.

담보 채무도 채무조정이 가능한가요?

주택담보 채무의 경우 연체가 31일 이상이며 실제 거주하고 주택 시가가 6억 원 이하이며 부부 합산 소득이 7,000만 원 이하인 경우에는 상담은 가능합니다. 단, 경매가 개시되지 않은 경우여야 합니다. 자동차 담보 채무도 생계형 화물차나 택시 같은 경우에는 상담은 가능합니다. 그러나 현실적으로 채권자의 동의를 받아야 하므로 담보 채무의 경우 채무조정이 사실상 어렵습니다.

보증서 대출도 채무조정이 가능한가요?

서민금융진흥원, 신용보증재단, 소상공인시장진흥공단 등 보증기관이 있는 대출은 보증기관에서 대위변제를 해야만 채무조정 대상에 포함됩니다. 대위변제란, 3~6개월 이상 연체되었을 때 보증기관에서 채무자를 대신하여 대출 은행에 채무를 변제하는 것을 말합니다.

보통 보증기관에서 대출 은행에 80~90% 성노를 대위변제 해 줍니다. 나머지 10~20%는 대출은행에서 채무자에게 변제를 요구합니다. 그러므로 보증서 대출은 대위변제 전까지는 채무금액이 확정되지 않아 채무조정 대상에 포함시킬 수 없습니다. 3~6개월 연체 후 대위변제가 된 다음에 채무조정에 포함할 수 있습니다. 대위변제 여부는 대출은행이 문자 등으로 통보해 주기 때문에 알 수 있는데, 직접 대출은행에 문의하면 알려 줍니다.

보증기관이 대위변제하면 채무자의 신용에 어떤 영향을 미치나요?

보증기관이 대위변제하면 약 5년 동안은 신용평가에 악영향을 미칩니다. 또 햇살론을 비롯한 서민금융상품을 이용하기 힘들어집니다. 보증기관이 보증을 해 주는 전세자금 대출이나 정책자금 대출, 사업대출 등에 제약이 있습니다. 개인워크아웃 변제금을 완납하더라도 해당 보증기관의 보증을 받기 힘듭니다. 단, 개인워크아웃으로 감면을 받은 보증 채무의 원금과 이자를 별도로 모두 상환한다면 보증이 가능할 수 있습니다.

보증 채무도 채무조정 대상이 되나요?

본인이 보증인인 경우에도 채무조정 대상이 됩니다. 단, 신용회복위원회와 협약에 가입한 금융회사의 보증 채무이어야 합니다. 보증 채무의 변제금은 주 채무자와 보증인을 모두 합산한 수를 전체 채무액으로 나누어 산정합니다. 예를 들면, 전체 채무액이 1,000만 원이고 주 채무자와 보증인의 수가 총 5명이라면 1,000만 원을 5명으로 나눈 200만 원만 변제하면 보증인의 의무에서 벗어날 수 있습니다.

3. 채무조정 신청

파산이나 회생 중에도 신용회복위원회 채무조정을 신청할 수 있나요?

개인파산이나 개인회생 중이라면 신용회복위원회 채무조정을 신청할 수 없습니다. 면책결정이나 폐지결정, 기각결정이 난 후에 신용회복위원회 채무조정을 신청할 수 있습니다. 개인파산이나 개인회생 채권에 포함되지 않은 채권일지라도 신청인이 개인파산이나 개인회생 중이라면 개인워크아웃을 신청할 수 없습니다.

채무조정을 여러 번 신청할 수 있나요?

개인워크아웃을 신청하고 완납했다면 다시 개인워크아웃을 신청할 수 있습니다. 하지만 채무확정 후에 실효, 기각, 취소된 경우에는 그 시점부터 3개월이 경과되어야 재신청이 가능합니다. 개인워크아웃을 신청했는데 채권자가 동의하지 않아 기각되었다면 1년이 지나야 재신청이 가능합니다. 단, 채권자와 개별협의를 통해 동의를 얻어낸다면 기각된 시점에서 3개월이 경과되면 재신청이 가능합니다.

채무조정 신청비용은 얼마인가요?

신용회복위원회 채무조정 신청비용은 신속 채무조정이든, 프리워크아웃이든, 개인워크아웃이든 동일하게 5만 원입니다. 채무조정 신청하면 5만 원을 입금할 계좌와 입금기한을 안내해 줍니다. 그때까지 계좌로 입금하면 됩니다. 단, 기초생활수급자나 국가유공자 등은 신청비용이 면제됩니다.

차량을 소유하고 있어도 채무조정이 가능한가요?

신청인의 채무액이나 급여를 감안할 때 차량가액이 현저히 높은 경우 채무조정 접수를 받지 않을 수 있습니다. 부동산은 주거 공간이므로 어느 정도 이해하지만 차량은 이동수단이므로 거부할 가능성이 있습니다.

차량의 담보대출 월 상환액이 높은 경우 채무조정 접수를 받지 않을 수 있습니다. 이런 경우 차량을 처분하고 재신청하도록 요구할 수 있습니다. 하지만 같은 상황이더라도 심사역마다 약간 다르게 판단하므로 상담을 받아 보는 것이 좋습니다.

차량이 경차이거나 연식이 오래된 경우, 생계를 유지하기 위해 필요한 경우, 가족 중에 장애인이 있어 차량이 필요한 경우 등은 차량을 소유해도 문제가 되지 않습니다.

4. 채무조정 신청효과

채무조정을 신청하면 압류나 가압류를 풀 수 있나요?

채무조정을 신청하면 다음 날부터 압류나 가압류, 경매 신청 같은 법 조치나 추심이 금지됩니다. 그러나 신청 전에 이미 진행된 법 조치는 채권자가 해제해 주지 않는 이상 유효합니다. 그래서 이미 경매가 개시된 경우에는 채무조정 신청을 받아주지 않습니다. 이미 진행된 법 조치는 채무조정이 확정된 후 채권자에게 해제 요청을 해야 합니다. 채무조정이 확정되었다고 하더라도 채권자가 해제해 주지 않는다면 채무조정 된 변제금을 모두 완납한 후에 해제 요청할 수밖에 없습니다.

채무조정 신청해도 신용카드는 사용 가능한가요?

신속 채무조정의 경우에는 채무조정에 포함된 카드사의 신용카드는 정지될 수 있습니다. 하지만 채무조정에 포함되지 않은 신용카드는 사용이 가능합니다. 개인워크아웃의 경우에는 연체가 90일 이상 된 채무이고 공공 정보에 '신용회복 중'이라고 등재되므로 신용카드의 사용은 어렵습니다. 프리워크아웃도 연체가 30일 이상 되었기 때문에 신용카드의 사용이 어렵습니다.

채무조정이 확정되면 통장을 개설할 수 있나요?

채무조정이 확정되면 법 조치나 추심이 금지되기 때문에 새로운 통장을 개설하여 사용할 수 있습니다. 그러나 가능한 채무가 없는 금융기관에서 통장을 발급받는 것이 좋습니다. 채무가 있는 금융기관이 통장을 압류할 수 있고 잔고를 인출할 수도 있기 때문입니다. 물론 압류를 풀어달라고 하거나 인출한 금액을 반환하도록 요청할 수 있으나 절차가 번거로우므로 가능한 채무가 없는 금융기관의 통장을 발급받아 사용하는 것이 좋습니다.

채무조정에 포함되지 않은 채권자는 법 조치를 할 수 있나요?

채무조정에 포함이 안 된 채무에는 담보 채무, 채무조정에 누락된 채무, 채무조정 후 신규 발생한 채무, 보증기관이 대위변제하지 않은 채무 등이 있습니다. 채무조정에 포함이 안 된 채권자는 가압류, 압류, 경매신청 등

법 조치를 할 수 있습니다. 그러므로 담보 채무는 별도로 연체 없이 잘 상환해야 합니다. 채무조정에 누락된 채무나 채무조정 후 신규 발생한 채무는 신용회복위원회에 방문하여 채무조정에 포함될 수 있도록 신청해야 합니다. 보증기관이 있는 채무는 대위변제 후에 채무조정에 포함될 수 있도록 신청해야 합니다.

5. 상환과 상환유예

채무조정 된 금액을 일시에 납부할 수 있나요?

변제금을 1회 이상 납부하면 채무조정 된 나머지 금액을 일시에 납부할 수 있습니다. 일시에 납부하면 10~15% 정도 추가 감면해 줍니다.

채무조정 후 이자만 납부할 수 있나요?

신속 채무조정은 처음 6개월 동안은 이자만 납부합니다. 6개월 후부터 원금과 이자를 분할하여 상환합니다. 프리워크아웃은 바로 원금과 이자를 분할하여 상환합니다. 개인워크아웃도 바로 원금을 분할하여 상환합니다.

원리금을 상환하는 데 어려움이 있다면 6개월 정도 이자만 납부할 수 있도록 재조정 신청할 수 있습니다. 미납이 4회 이상 발생하면 실효되므로 실효되기 전 미납이 2회 발생한 시점에 신용회복위원회 콜센터(1600-5500)에 전화하여 6개월 정도 이자만 납부할 수 있도록 재조정 신청을 하여야 합니다. 신용회복위원회는 채권자 동의를 얻어 재조정을 신청한 지 약 2개월 후에 결과를 통보합니다. 그러면 결과를 통보받은 지 약 2개월 후부터 6개월 동안 이자만 납부할 수 있습니다. 개인워크아웃의 경우 이자율이 약 2% 정도 됩니다. 프리워크아웃과 신속 채무조정은 조정된 이자율이 적용됩니다.

6개월 동안 이자만 납부할 수 있도록 하는 상환유예 신청은 채무조정 확정 후 변제금을 1회 이상 납부하면 2회 정도 신청할 수 있으며, 1년 상환 후 2회 추가 신청할 수 있고, 또 1년 상환 후 2회 추가 신청할 수 있습니다. 그래서 총 상환 기간 안에 6회 정도 신청이 가능합니다.

채무조정 확정 후 채권이 매각되면 어떻게 되나요?

채무조정이 확정된 후에도 채권이 매각되는 경우도 있습니다. 이럴 경우 신용회복위원회에 채권 매각 사실을 알려주면 됩니다. 하지만 매각 사실을 알려 주지 않더라도 신용회복위원회에서 매각된 채권사로 변제금을 입금시켜 주기 때문에 염려할 필요는 없습니다.

채무조정이 실효되면 바로 추심이 들어오나요?

채무조정이 실효되고 보통 일주일 정도 지나면 추심이 시작됩니다. 실효되고 3개월이 지나야 신용회복위원회 채무조정을 다시 신청할 수 있습니다. 하지만 개인파산과 개인회생은 신용회복위원회 채무조정이 실효되면 바로 신청이 가능합니다. 그러므로 본인이 3개월 추심을 견디기 힘들거나 어느 정도 재산이 있고 최저생계비 이상의 수입이 있다면 개인회생을 신청하는 방법도 고려할 필요가 없습니다. 개인회생을 신청할 때 보통 금지명령도 같이 신청하며 법원에서 금지명령을 내리면 채권 추심이나 법 조치가 금지되기 때문입니다.

채무조정 상환 중에 채무자가 사망하면 어떻게 되나요?

채무자가 사망하면 상속인이 계속 변제금을 내겠다는 의사를 표시하고 완납하면 됩니다. 그러나 변제금을 내지 않으면 실효가 되고 채무가 상속됩니다. 상속인은 상속받는 채무가 재산보다 많다면 상속재산파산신청을 하면 됩니다. 하지만 상속받는 재산이 채무보다 많다면 남은 변제금을 납부하는 것이 좋을 것입니다.

6. 신속 채무조정과 프리워크아웃

신속 채무조정(연체 전 채무조정)이란 무엇인가요?

신속 채무조정은 연체가 예상되거나 연체가 30일 미만인 경우에 신청합니다. 신속 채무조정은 코로나 사태 이전에는 이자율을 15% 이하(신용카드는 10% 이하)로 조정해 주고 원리금을 최장 10년 동안 분할 상환해 주었습니다. 하지만 코로나 사태 이후 이자를 40% 정도 감면해 주고 있습니다. 즉 이자율이 15%라면 40% 감면하여 9%로 조정해 줍니다. 그러나 신용카드는 전처럼 10% 정도로 조정해 줍니다.

그러므로 높은 이자에 매월 상환부담이 큰 채무자라면 돌려막기를 하지 말고 신속 채무조정을 신청하는 것이 바람직합니다. 하지만 최근 6개월 안에 신규발생 채무원금이 총 채무액의 30% 미만이어야 합니다. 채무한도는 무담보 채무 5억 원 이하, 담보 채무 10억 원 이하입니다.

신속 채무조정 신청자격이 어떻게 되나요?

신속 채무조정 신청자격은 개인워크아웃과 동일합니다. 신청절차도 개인워크아웃과 동일합니다. 단, 연체가 없다면 신청하기 전에 신용점수를 확인해야 합니다. 연 소득이 4,500만 원 미만이라면 나이스는 744점, KCB는 700점 이하여야 합니다. 연 소득이 4,500만 원 이상이라면 나이스는 720점, KCB는 651점 이하이어야 합니다. 만약 신용점수가 이보다 높으면 며칠이라도 연체를 하고 신청하는 것이 좋습니다.

프리워크아웃(이자율 채무조정)이란 무엇인가요?

프리워크아웃은 연체가 31일 이상 89일 이하인 경우 신청 가능합니다. 신청하면 채무액 기준 과반 이상의 동의를 얻어 확정됩니다. 연체이자를 약 50% 감면해 주는데, 최고 이자율은 연 8%로 제한하고 최저 이자율은 연 3.25%를 적용합니다. 이자율이 3.25% 이하라면 현재의 이자율을 적용합니다. 예를 들어, 이자율이 12%인 경우에는 50% 감면받아 6%가 됩니다. 이자율이 18%인 경우에는 50%를 감면받으면 9%가 되지만 상한이 8%이므로 이자율은 8%가 됩니다. 이자율이 3%인 경우에는 하한이 3.25%이지만 현 이자율인 3%를 그대로 적용합니다.

프리워크아웃은 최장 10년 동안 원리금을 균등하게 상환합니다. 금리가 높은 채무를 우선적으로 개별 상환할 수 있습니다. 최근 6개월 내에 신규 발생한 채무원금이 총 채무액의 30% 미만이어야 합니다. 채무 한도는 무담보 채무 5억 원 이하, 담보 채무 10억 원 이하입니다.

코로나 사태 이후 기초생활수급자나 장애인, 만 70세 이상 고령자 등 사회취약계층은 프리워크아웃을 신청하면 이자는 면제하고 원금도 30% 정도 감면받을 수 있습니다.

신속 채무조정이나 프리워크아웃을 개인워크아웃으로 변경할 수 있나요?

신속 채무조정이나 프리워크아웃 중이라면 일단 실효시킨 후 3개월이 지나야 개인워크아웃을 신청할 수 있습니다. 실효가 되면 신속 채무조정이나 프리워크아웃 신청 중에 변제한 금액은 채권자마다 약간 다르지만 보통 이자나 연체이자를 우선 상환한 것으로 하고 그래도 남는 돈이 있다면 원금을 상환한 것으로 처리합니다.

그러므로 신속 채무조정이나 프리워크아웃을 실효시킨 후 개인워크아웃을 신청하여 채무조정 금액이 확정되더라고 신속 채무조정이나 프리워크아웃 중에 납부한 돈은 개인워크아웃 채무조정 금액에서 모두 차감되는 것이 아닙니다. 그래서 가능한 처음 신청할 때 어느 채무조정을 신청할지 신중하게 생각하고 선택해야 손실을 줄일 수 있습니다.

만약 신속 채무조정이나 프리워크아웃을 신청할 당시에는 기초생활수급자나 장애인, 한부모가정 등 사회취약계층이 아니었지만 상환 중에 취약계층으로 바뀌었다면 신용회복위원회에 상담신청을 하고 이자율을 추가로 감면받을 수 있습니다. 하지만 신속 채무조정이나 프리워크아웃을 개인워크아웃으로 변경할 수 없으므로 원금은 감면받을 수 없습니다. 이런 경우 신속 채무조정이나 프리워크아웃을 진행한 지 얼마 되지 않았다면 실효시키고 개인워크아웃을 신청하는 것이 유리할 수 있습니다. 만약 개인워크아웃 상환 중에 사회취약계층이 되었다면 신용회복위원회에 상담 신청하여 원금을 추가로 감면받을 수 있습니다.

7. 개인워크아웃 신청

개인워크아웃 신청자격이 어떻게 되나요?

① 연체가 90일 이상이 되어야 합니다. 채무가 여러 군데 있더라도 한 군데만 연체 90일 이상이면 워크아웃 신청이 가능합니다.

② 무담보 채무는 5억 원 이하, 담보 채무는 10억 원 이하여야 합니다. 원금과 이자, 연체이자까지 모두 포함한 금액입니다.

③ 최저생계비 이상의 수입이 있어야 합니다. 변제금을 산정할 때는 기준중위소득의 60%이지만 신청자격은 기준중위소속의 40% 정도만 되어도 가능합니다. 수입이 최저생계비에 못 미치는 기초생활수급자도 신청 가능하며, 신청인의 수입이 최저생계비에 못 미치더라도 배우자가 어느 정도 상환능력이 있다면 신청 가능합니다.

어떤 경우에 개인워크아웃 신청이 불가한가요?

① 개인워크아웃을 신청했는데 최근 1년 이내에 채권자 부동의로 기각된 경험이 있다면, 기각 후 1년 내에는 신청 불가능합니다. 단, 신청인이 직접 채권자의 동의를 받는다면 가능합니다.

② 개인워크아웃은 과반의 동의를 받아야 합니다. 여기서 과반은 채권

자 수가 아닌 채권금액 기준입니다. 그런데 아무리 변제율을 올려도 채권사의 동의를 받기 어렵다고 판단되면 변제율을 올리지 않고 기각 처리하는 경우가 있습니다.

③ 개인워크아웃을 진행하다가 연체가 되어 실효된 경우에 바로 재신청은 불가합니다. 실효된 날부터 3개월이 경과되어야 재신청이 가능합니다.

④ 최근 6개월 내에 발생한 채무가 전체 채무의 30% 이상을 초과하면 안 됩니다(원금 기준). 여기서 채무는 신용 채무뿐만 아니라 담보 채무도 모두 포함합니다. 단, 6개월 내에 대출을 받았다고 하더라도 대출금액 100%를 돌려막기에 사용했고 이를 증명할 수 있다면 그 금액만큼 제외합니다. 일부가 아닌 100% 돌려막기에 사용해야 합니다.

⑤ 개인워크아웃은 재산이 빚보다 많아도 신청은 가능합니다. 그러나 재산이 빚보다 훨씬 많거나, 2000cc 이상의 최신 차량을 소유하고 있다면 신청이 거부될 수도 있습니다.

개인워크아웃 신청절차는 어떻게 되나요?

① 콜 센터(1600-5500번)를 통해 신용회복위원회 방문 예약을 합니다. 본인의 주소지와 상관없이 신용회복위원회 전국 어느 지부에서도 상담 및 신청이 가능합니다.

② 준비물을 가지고 신용회복위원회에 방문합니다. 준비물은 신분증, 소득자료 정도만 있으면 됩니다. 소득자료로는 근로자인 경우에는 전년도 근로소득원천징수영수증을 준비하면 됩니다. 소득이 연금이나 기초생활 수급비밖에 없다면 연금이나 수급비가 들어오는 통장의 최근 3개월간 계좌거래내역서를 가져가도 되고 해당 통장을 정리해서 가져가도 됩니다.

만약 월급을 현금으로 수령하는 경우는 신용회복위원회에 방문해서 소득증명서를 작성하여 제출하시면 됩니다. 신용회복위원회에 방문해서 행정정보 공동이용에 사전 동의를 하면 되므로 공공기관에서 발급받는 서류는 따로 가져갈 필요가 없습니다. 콜 센터에 상담예약을 하면 문자로 준비물을 안내해 줍니다.

③ 개인워크아웃이 접수되면 신용회복위원회는 채권자에게 통지를 해서 추심을 중단하도록 합니다. 그리고 채권을 신고하게 합니다. 은행권이나 2금융권 채권은 바로 조회가 되어 채권액을 알 수 있습니다. 그러나 대부업체 채권은 바로 조회가 안 되는 경우가 있으므로 대부업체에서 신용회복위원회에 채권신고를 해야 알 수 있습니다. 대부업체 가운데 채권 신고를 안 하는 경우가 발생할 수 있습니다. 그래서 신청인은 가능한 채권자를 파악하고 갈 필요가 있습니다.

개인워크아웃이 확정되고 변제하는 중에 누락된 채무를 발견했다면 개인워크아웃에 포함시켜 달라고 신용회복위원회에 요청하면 됩니다. 신용회복위원회에서 채권자의 동의를 얻어 포함시켜 줍니다.

④ 채권신고가 끝나면 담당 심사역이 채무조정안을 작성해서 심의위원회에 올립니다. 심의위원회를 통과하면 채권자에게 보내 동의를 요청합니다. 채권금액 기준으로 과반의 동의를 받으면 채무조정안이 확정됩니다.

⑤ 채무조정안이 확정되면 채무자는 신용회복위원회를 방문하여 채무조정안에 서명을 하고 약 1시간 정도 신용관리교육을 받습니다. 채무조정 신청에서 채무조정 확정까지 약 2개월 정도 소요됩니다. 채무조정 확정 후 약 2개월 후부터 변제금을 납부하기 시작합니다.

어떤 채무가 연체되어야 개인워크아웃을 신청할 수 있나요?

개인워크아웃을 신청하려면 연체가 90일 이상이 되어야 합니다. 담보 채무든 신용 채무든 상관없이 한 건만 90일 이상 연체되어도 신청 가능합니다. 하지만 담보 채무를 연체하면 기한이익이 상실되어 채권자가 경매를 신청할 수 있습니다.

단독 채무인 경우 개인워크아웃 신청이 가능한가요?

채무가 하나인 단독 채무인 경우에도 개인워크아웃 신청이 가능합니다. 그러나 단독 채권자가 동의하지 않으면 개인워크아웃을 진행할 수 없기 때문에 다수의 채권자가 있는 경우에 비해 동의하지 않을 확률이 조금 높습니다.

3개월 연체를 어떻게 버틸 수 있나요?

연체가 시작된 지 하루나 이틀 정도는 문자 정도만 발송됩니다. 물론 바로 전화를 하는 채권사도 있습니다. 전화를 전혀 받지 않으면 지급명령신청이나 가압류 조치가 빨리 이루어질 수 있으니 가능한 전화를 받아서 사정을 이야기하고 한 달 안에 상환하겠다는 말을 하는 것이 좋습니다. 그러나 채권사는 최대한 빨리 상환하라고 압박할 것입니다. 사실 본인 명의의 재산이 없고 통장을 3개월 정도는 사용하지 않아도 괜찮다면 전화를 받지 않아도 되고 만나지 않아도 됩니다. 어차피 법 조치를 해도 압류할 재산이 없기 때문입니다. 하지만 급여를 본인 명의 통장으로 받아야 하는 경우, 재산이 있는 경우에는 법 조치를 최대한 늦추는 것이 좋기 때문에 전화를 받는 것이 좋습니다.

　　　　　　　　　　　　　　내 채무 좀 해결해 주세요

연체가 15일 이상 지나면 채권사의 압박이 더 심해질 것입니다. 특히 대부업체나 카드사의 추심 강도가 더 심할 것입니다. 연체된 지 15일 이상 경과되면 채권사에 개인회생을 신청할 예정이라고 말하는 것도 하나의 방법이 될 수 있습니다. 개인회생을 신청할 때 금지명령과 중지명령을 같이 신청하는데 중지명령이 받아들여지면 그전에 취한 법 조치는 중지되기 때문입니다. 그래서 개인회생을 신청하겠다고 하면 채권사도 괜히 비용과 시간을 들여 가압류 같은 조치를 잘 안 하려고 합니다. 개인회생을 준비하고 법원에 들어갈 때까지 한 달 정도 소요되기 때문에 개인회생을 신청한다고 하면 어느 정도 시간을 벌 수 있습니다.

채권자에게 조만간 갚겠다고 말했음에도, 개인회생을 신청한다고 말했는데도, 지급명령을 신청하는 채권사가 있습니다. 이럴 경우 지급명령서를 송달 받은 후 2주 이내에 법원에 가서 이의신청서를 제출해야 합니다. 이의신청 사유는 개인회생 준비 중이라든지, 채권액이 상이하다든지, 적당한 사유를 적어서 제출하면 됩니다. 이의신청을 하면 본소송으로 넘어가기 때문에 시간을 2~3개월 정도 벌 수 있습니다. 채권사가 가압류를 한 경우에는 가압류 자체를 막을 수는 없습니다. 그러나 가압류만으로는 강제집행이 불가능하기 때문에 걱정할 필요는 없습니다. 개인워크아웃을 신청하고 상환이 끝나면 가압류를 풀 수 있기 때문입니다. 아니면 가압류를 한 지 3년이 경과되면 법원에 신청하여 가압류를 풀 수 있습니다.

개인워크아웃 변제금은 어떻게 산정하나요?

개인워크아웃 변제금 산정방식은 정확히 알 수 없습니다. 산정방식이 공개되지 않았고 심사역마다 다소 차이가 있기 때문입니다. 그러나 기본적으로 순소득에서 부양가족 수에 따른 최저생계비를 공제하여 월 변제금을 산정하고 총 96개월에 걸쳐 상환하는 조건으로 합니다. 개인회생과 다른 점은 부양가족에 배우자와 대학생 자녀가 포함됩니다. 상각채권은 20~70% 감면을 받고 미상각채권은 0~30%를 감면받습니다. 몇 가지 예를 들어 변제금 산정방식을 알아보겠습니다.

① 부채가 30,000,000원, 월평균 순소득이 2,700,000원, 부양가족이 본인과 배우자, 모두 상각채권인 경우

모두 상각채권이므로 상각채권 최하 감면율 20%를 적용하면 총 24,000,000원을 변제해야 합니다. 최대 감면율 70%를 적용하면 9,000,000원만 변제하면 됩니다. 가용소득은 (순소득 2,700,000원 - 2인 가족 최저생계비 2,209,565원) = 490,435원입니다. 가용소득 490,435원에 개인워크아웃 상환 기간 96개월을 곱하면 47,081,760원이 됩니다. 이 금액은 최하 감면 금액인 24,000,000원을 초과하므로 총 변제금은 24,000,000원으로 정해집니다. 월 변제금은 총 변제금 24,000,000원 / 상환 기간 96개월 = 250,000원이 됩니다.

② 부채가 30,000,000원, 월평균 순소득이 2,400,000원, 부양가족이 본

인과 배우자, 모두 상각채권인 경우

가용소득은 (순소득 2,400,000원 - 2인 가족 최저생계비 2,209,565원) = 190,435원이 됩니다. 가용소득 190,435원에 개인워크아웃 상환 기간 96개월을 곱하면 18,281,760원이 됩니다. 이 금액은 총 부채 30,000,000원에서 약 39% 감면받은 금액입니다. 이는 상각채권 감면율 20~70% 사이에 해당하므로 조정이 필요 없습니다. 그래서 총 변제금은 18,281,760원이 되며 가용소득 190,435원이 월 변제금이 됩니다.

이 경우 개인회생으로 가용소득을 계산하면, (순소득 2,400,000원 - 1인 가족 최저생계비 1,337,067원) = 1,062,933원이 됩니다. 개인회생에서는 배우자를 부양가족으로 인정하지 않기 때문입니다. 또 개인회생은 상각채권이나 미상각채권을 따로 분류하지 않습니다. 총 변제금은 가용소득 1,062,933원에 상환 기간 36개월을 곱하여 38,265,588원이 됩니다. 이 금액은 부채를 초과하게 됩니다. 그러므로 이런 조건이라면 개인회생보다는 개인워크아웃을 신청하는 것이 유리합니다.

③ 부채가 60,000,000원, 월평균 순소득이 2,500,000원, 부양가족이 본인과 배우자 그리고 미성년 자녀 1명, 모두 미상각채권인 경우

가용소득은 (순소득 2,500,000원 - 3인 가족 최저생계비 2,828,794원) = 0원입니다. 미상각채권의 경우, 최저 감면율 0%을 적용하면 60,000,000원을 모두 변제해야 하며 최대 감면율 30%을 적용하면 42,000,000원을 변제해야 합니다. 아무리 가용소득이 없더라도 최소 42,000,000원을 변제해야 하므로 월 변제금은 42,000,000 / 96개월 = 437,500원이 됩니다.

이 경우 개인회생으로 가용 소득을 계산하면, (순소득 2,500,000원 - 2인 가족 최저생계비 2,209,565원) = 290,435원입니다. 개인회생에서는 배

우자를 부양가족으로 인정하지 않기 때문입니다. 가용소득 290,435원에 상환 기간 36개월을 곱한 10,455,660원이 총 변제금이 됩니다. 상환 기간을 최대 60개월로 늘리면 총 변제금은 가용소득 290,435원에 상환 기간 60개월을 곱한 17,426,100원이 됩니다. 상환 기간을 최대 60개월로 늘리더라도 개인워크아웃 총 변제금 42,000,000원보다는 적습니다. 그러므로 이런 조건이라면 개인워크아웃보다 개인회생이 유리합니다.

개인워크아웃에서 재산을 어떻게 평가하나요?

개인워크아웃에서 재산을 평가할 때 공제재산이라고 해서 부양가족 수에 따라 신청인의 재산에서 일부를 공제해 줍니다. 개인회생에서는 압류금지채권에 해당하는 소액보증금만 공제해 주는데 개인워크아웃에서는 소액보증금적용한도 금액을 기준으로 2인 이하의 가구는 80%, 3인 가구는 100%, 4인 이상의 가구는 120%를 공제해 줍니다.

서울특별시는 소액보증금적용한도 금액이 1억 6,500만 원이며, 수도권정비계획법에 따른 과밀억제권역(서울 제외), 용인시, 화성시, 김포시, 세종시는 1억 4,500만 원, 광역시(과밀억제권역과 군지역 제외), 안산시, 광주시, 파주시, 이천시, 평택시는 8,500만 원, 그 밖의 지역은 보증금이 7,500만 원입니다.

예를 들면, 채무자가 전주에 거주하며 3인 가구이고 부채가 1억이며 재산으로는 보증금이 1억, 자동차가 2,000만 원인 경우 단순히 재산으로만 보면 재산이 부채를 초과합니다. 그러나 보증금 1억에서 소액보증금적용한도인 7,500만 원(3인 가구 100% 적용)을 공제하기 때문에 재산은 보증금 2,500만 원에 자동차 2,000만 원을 더하여 4,500만 원이 됩니다. 그렇게 되면 재산이 부채보다 적게 되어 개인워크아웃 신청이 가능합니다.

개인워크아웃은 얼마나 감면받을 수 있나요?

개인워크아웃을 신청하면, 상각채권은 원금의 최소 20%에서 최대 70%까지 감면받을 수 있습니다. 상각채권의 경우, 기초생활수급자 등 사회취약계층은 최대 80%까지 감면받을 수 있습니다. 미상각채권은 원금의 최소 0%에서 최대 30%까지 감면받을 수 있습니다. 미상각채권의 경우, 기초생활 수급자 등 사회취약계층은 30%까지 감면받을 수 있습니다.

상각채권이란 부실채권 매각 당시 3개월 이상 연체 중이었거나, 매각된 지 6개월이 경과한 채권을 말합니다. 대부업자가 보유한 채권은 연체 기간이 1년 이상 경과하면 상각채권으로 간주합니다. 일반적으로 연체가 1년 이상 되어야 상각채권이 된다고 생각하면 됩니다.

3개월만 연체하고 개인워크아웃을 신청하면 대부분 미상각채권이므로 감면을 못 받거나 소득과 부양가족을 고려하더라도 원금의 최대 30%까지만 감면받을 수 있습니다. 실제로 3개월만 연체하고 바로 개인워크아웃을 신청하면 원금의 3~10% 정도만 감면을 받고 있습니다. 역설적으로 연체일수가 길어지면 이자는 늘어나지만 개인워크아웃을 신청하면 오히려 원금 감면을 더 많이 받을 수 있습니다.

취약계층, 소액 채무인 경우 특별감면 혜택이 있나요?

채무원금 합계가 1,500만 원 이하이며, 보유 자산의 순자산가액이 면제재산금액 범위 이내의 채무자 가운데 기초생활수급자, 중증장애인, 만 70세 이상 고령자인 경우 원금의 80~90%까지 감면받을 수 있습니다. 또한 최소 3년 이상, 조정된 채무의 절반 이상 상환한다면 잔여 채무를 면책해 주기도 합니다.

4장

채무조정제도 비교

1. 소득기준

개인파산은 소득이 없거나 있더라도 최저생계비 이하의 수입이어야 합니다. 반면에 개인회생은 최저생계비 이상의 수입이 있어야 합니다. 여기서 최저생계비는 부양가족 수에 따른 최저생계비를 말합니다. 개인워크아웃은 중위소득 40% 이상이면 신청 가능하지만 그 이하의 수입이더라도 배우자가 어느 정도 변제 능력이 있으면 신청이 가능합니다. 사회취약계층은 국가지원금만 받더라도 개인워크아웃 신청이 가능합니다.

2. 채무조정 결정기관

개인파산과 개인회생은 법원에서 결정합니다. 그래서 서류와 절차가 복잡하고 시간도 많이 소요됩니다. 개인워크아웃은 신용회복위원회에서 채권자 동의를 받아서 결정합니다. 그래서 서류와 절차가 간단합니다.

3. 신청자격과 연체

개인파산이나 개인회생은 연체 여부와 관계없이 신청 가능합니다. 그

내 채무 좀 해결해 주세요

러나 개인파산은 최근 채무가 있는 경우가 흔치 않아 대부분 연체 기간이 오래된 경우가 많습니다.

개인회생은 추심이나 압류 등을 막고자 연체 전에도 많이 신청하고 있습니다. 개인워크아웃의 경우에는 연체가 90일 이상 되어야 신청 가능합니다. 모든 채무를 연체할 필요는 없으며 하나의 채무만이라도 90일 이상 연체되었다면 신청 가능합니다. 연체는 결제일 다음 날부터 기산됩니다. 예를 들면, 1월 25일이 결제일인데 결제를 하지 못했다면 1월 26일이 연체일수 1일이 됩니다. 1월 27일은 연체일수 2일이 됩니다. 휴일도 연체일수에 포함됩니다.

4. 신청서류

개인파산이나 개인회생 신청서류는 상당히 많습니다. 인적사항, 소득, 재산, 세금 관련 자료들을 준비해야 합니다. 개인파산은 파산선고 후 파산관재인이 본인, 부모, 배우자, 자녀의 재산, 소득 등의 자료를 추가로 요청합니다.

개인회생은 회생위원이 보정명령을 통해 본인, 배우자의 재산과 소득 등의 자료를 추가로 요청합니다. 배우자와 이혼한 경우에도 파산은 이혼 후 보통 5년이 경과되지 않았다면, 회생은 이혼 후 보통 3년이 경과되지 않았다면, 배우자 자료도 제출해야 합니다.

개인워크아웃은 본인의 소득자료 정도만 제출하면 됩니다. 신용회복위원회에 개인정보동의서를 제출하면 필요한 서류는 신용회복위원회에서 조회해서 확인하기 때문에 서류가 간단합니다.

5. 추심중단시기

개인파산은 신청과 동시에 중지명령을 신청해야 추심이 중단됩니다. 하지만 중지명령을 신청하는 경우는 별로 없습니다. 법원에 파산신청을 하면 사건번호가 부여되는데 채권자에게 사건번호만 알려 줘도 거의 추심을 하지 않습니다.

개인회생의 경우에는 신청과 동시에 금지명령이나 중지명령을 신청합니다. 금지명령을 나면 새로운 추심이 금지되며 중지명령이 나면 진행 중이던 추심이 중지됩니다. 금지명령이 기각되어도 개시명령이 나면 추심이 금지됩니다. 개인워크아웃은 신청일 다음 날부터 추심이 금지됩니다. 그러나 개인워크아웃 신청 전부터 진행 중인 강제집행이나 소송행위 등은 강제성이 없으므로 계속 진행될 수 있습니다. 따라서 개인워크아웃 신청 전에 채권자가 이미 지급명령을 신청했다면 이의신청을 하여 본안 소송으로 넘어가는 것을 막을 필요가 있습니다.

내 채무 좀 해결해 주세요

6. 조정 대상 채무

개인파산이나 개인회생은 비면책 채권 외에 모든 채권이 조정 대상입니다. 개인 간 채무도 조정 대상입니다. 그러나 개인워크아웃은 신용회복위원회와 협약에 가입한 금융회사 채권만 조정 대상입니다. 개인 간 채무뿐만 아니라 협약에 가입하지 않은 금융회사 채권은 조정 대상이 아닙니다. 통신사나 소액결제사도 협약에 가입되지 않았으므로 이런 채무를 해결하려면 개인파산이나 개인회생을 신청하든지 채권자와 직접 협상해서 채무를 해결해야 합니다.

7. 채무조정 한도

개인파산은 채무조정 상한선과 하한선이 따로 없습니다. 하지만 채무자의 상황을 고려하여 원금이 1,000만 원 이하인 경우에는 기각할 가능성도 있습니다. 개인회생의 상한선은 무담보 채무 10억, 담보 채무 15억입니다. 원금과 이자를 포함한 금액입니다. 하한선은 일반적으로 1,000만원 이상이어야 합니다. 채무액이 5,000만 원 미만인 경우에는 최소 5% 이상을 변제해야합니다. 채무액이 5,000만 원 이상이라면 최소 3%에 100만원을 추가한 금액을 변제해야 합니다.

개인워크아웃의 상한선은 무담보 채무 5억, 담보 채무 10억입니다. 원금과 이자를 포함한 금액입니다. 개인워크아웃의 하한선은 없습니다.

8. 변제 기간

개인파산은 면책을 받으면 채무를 갚을 의무가 없어지기 때문에 변제 기간은 없습니다. 개인회생은 최소 3년에서 최대 5년까지 변제해야 합니다. 만약 3년 이내에 원금과 이자를 모두 변제할 수 있다면 변제 기간이 3년 미만이 될 수도 있습니다. 하지만 3년 이내에 원금과 이자를 모두 변제할 정도라면 개인워크아웃을 신청하는 것이 좋습니다. 개인워크아웃은 이자를 면제받고 원금도 일부 감면받을 수 있기 때문입니다.

개인워크아웃의 변제 기간은 8년이지만 상환유예 기간을 감안하면 변제 기간이 10년을 초과할 수 있습니다. 개인회생은 일시에 변제금을 납부할 수 없지만 개인워크아웃은 1회만 납부하면 일시에 남은 변제금을 납부할 수 있습니다. 일시납을 하는 경우 추가 감면을 받을 수 있습니다.

9. 채무 감면율

개인파산은 면책을 받으면 채무를 갚을 의무가 없어지기 때문에 감면이 필요 없습니다. 개인회생은 소득이나 부양가족 등의 조건에 따라 감면을 받지 못할 수도 있고 최대 95%까지 감면을 받을 수도 있습니다.

개인워크아웃은 상각채권의 경우 20~70% 감면을 받을 수 있으며, 미상각채권은 0~30% 감면을 받을 수 있습니다. 그러나 기초생활수급자인 경우, 상각채권은 80%까지 감면을 받을 수 있습니다. 기초생활수급자이고 만 70세 이상 고령자이면서 원금 1,500만 원 이하인 경우에는 90%까지 감면을 받을 수 있습니다. 따라서 본인의 소득이나 부양가족 등을 감안하여 어느 채무조정이 자신에게 유리한지 잘 검토해야 합니다. 개인회생보다 개인워크아웃이 유리한 경우도 있습니다.

10. 부양가족

개인파산이나 개인회생의 부양가족 기준은 동일합니다. 본인과 미성년 자녀는 부양가족에 포함됩니다. 부모님은 재산이나 소득, 연령, 형제관계, 거주지, 실질적인 부양상황 등을 고려하여 결정합니다. 배우자인 경우는 특별한 사유가 아니면 부양가족으로 인정받기 어렵습니다. 반면에 개인워크아웃은 배우자와 대학생 자녀까지 부양가족으로 인정받을 수 있습니다.

11. 배우자의 재산 반영

개인파산은 배우자 재산의 절반을 파산재단에 포함시킵니다. 개인회생도 배우자 재산의 절반을 청산가치에 반영합니다. 배우자 고유의 재산이며 배우자 단독으로 축적한 재산이라는 점을 입증하면 제외시켜 주기도 합니다. 개인워크아웃은 본인 재산만 보는데 간혹 채권자가 배우자 재산을 파악하여 부동의하는 경우도 있습니다.

12. 자동차 소유

개인파산이든, 개인회생이든, 개인워크아웃이든 차를 소유하고 있어도 신청은 가능합니다. 개인파산의 경우 차를 소유한 상태에서 파산을 신청하는 경우는 드뭅니다. 차량을 매도하거나 차량 가격만큼 환가하여 파산재단에 포함시켜야 합니다. 차량가격이 환가할 가치가 없을 경우에는 파산관재인이 환가를 요구하지 않을 수도 있습니다.

개인회생의 경우 차량 시세를 파악하여 청산가치에 반영해야 합니다. 개인워크아웃의 경우에는 배기량이 높거나, 최신 차량이거나, 자동차 담보대출이 과도한 경우에는 신청을 받아주지 않을 수 있습니다. 차량을 처분하고 다시 신청하라고 요구할 수 있습니다.

13. 재산의 취득과 처분

개인파산이나 개인회생 신청 전에 재산을 처분한 경우에는 처분한 금액을 어디에 사용했는지 소명해야 합니다. 파산 직전에 재산을 처분하면 부인권 대상이 될 수도 있습니다. 회생 직전에 재산을 처분하면 청산가치에 반영하라고 할 수도 있습니다. 보통 파산은 과거 10년간 재산 처분내역을 확인하고 회생은 과거 5년간 재산 처분내역을 확인합니다.

파산선고 후에 재산을 취득하는 것은 상관없습니다. 그 재산은 파산재단에 포함이 되지 않기 때문에 채권자에게 배당되지 않습니다. 개인워크아웃은 신청 당시의 본인 재산만 확인합니다. 과거 재산 처분내역은 확인하지 않습니다. 단, 채권자가 별도로 채산 처분내역을 확인하여 사해행위 취소소송을 제기할 수는 있습니다.

14. 보증 채무

주 채무자가 개인파산이나 개인회생을 신청해서 면책을 받더라도 보증인은 면책을 받지 못합니다. 보증인은 채무를 갚을 의무가 있습니다. 그래서 보통 주 채무자가 파산을 신청할 때 보증인도 같이 신청합니다. 보증인이 대신 채무를 모두 변제했다면 보증인은 주 채무자에게 구상권을 행사할 수 있습니다. 그러나 보증인이 변제하기 전에 주 채무자가 면책을 받았다면 구상권을 행사할 수 없습니다.

개인워크아웃의 경우에는 주 채무자가 채무조정을 받은 금액을 모두 납부하면 보증인은 상환 의무가 없습니다. 만약 주 채무자가 상환하지 않는다면, 보증인이 보증 채무에 대해서 개인워크아웃을 신청할 수 있습니다. 이 경우에는 전액을 납부하는 것이 아니라 채무조정 된 금액에서 주 채무자와 보증인 수를 모두 합한 수만큼 나누어서 자기 몫만 변제하면 됩니다.

15. 담보 채무

개인파산이나 개인회생은 담보 채무를 별제권으로 취급하고 있습니다. 개인파산이나 개인회생에서는 재산은 시세에서 담보 채무 잔액을 제외한 금액으로 산정합니다. 개인파산에서는 이 금액을 환가하여 채권자에게 배당합니다. 담보 채무 잔액을 제외하고도 남는 금액이 없다면 환가를 포기합니다.

개인회생에서는 시세에서 담보 채무 잔액을 제외한 금액을 청산가치에 반영합니다. 개인회생에서 담보 채무는 별도로 상환해야 합니다. 하지만 개인회생 중에 경매로 넘어가서 배당을 받고도 채무가 남아 있다면 남은 채무는 개인회생 변제금으로 처리할 수 있습니다.

개인워크아웃의 경우에는 담보 채무는 채무조정 대상이 되기 힘듭니다. 부동산 담보대출의 경우 31일 이상 연체되면 채무조정 상담이 가능하지만 채권자가 대부분 동의를 하지 않아 실익이 없습니다. 개인워크아웃에서도 담보 채무는 별도로 상환해야 합니다.

16. 체납세금 처리

개인파산이든 개인회생이든 세금은 면책을 받을 수 없습니다. 단지 개인파산의 경우에는 채권자에게 배당할 금액이 있다면 우선 체납세금에 먼저 배당이 되므로 체납세금을 어느 정도 해결할 수 있습니다.

개인회생의 경우에는 체납세금을 우선적으로 변제해야 인가가 납니다. 총 변제 기간 가운데 최소 절반에 해당하는 변제 기간 안에 체납세금을 변제하지 못하면 인가가 나지 않을 수 있습니다. 그러므로 체납세금이 많다면 개인회생 신청이 힘듭니다. 체납세금의 금액이 크지 않다면 개인회생을 통해 완납할 수 있습니다. 개인워크아웃에서 세금은 채무조정 대상이 아닙니다.

17. 보증기관 채무

은행에서 대출을 받을 때 보증기관 곧 신용보증재단, 신용보증기금, 서민금융진흥원, 소상공인시장진흥공단 등에서 지급보증을 해 주는 경우가 있습니다. 일정 기간 연체를 하면 보증기관에서 대신 대출금을 갚아줍니다. 이를 대위변제라고 합니다. 개인파산이나 개인회생의 경우 대위변제 전이라면 대출기관과 보증기관 모두 채권자 목록에 넣습니다. 그리고 부채증명서도 모두 발급받습니다. 개인회생 인가 전에 대위변제가 되었다면 채권자 목록 수정 신고를 해야 하며 인가 후에 대위변제가 되었다면 수정 신고할 필요 없이 변제금만 잘 납부하면 됩니다.

　개인워크아웃은 대위변제가 되어야만 채무조정 신청이 가능합니다. 그러므로 일단 다른 채권을 먼저 개인워크아웃 신청한 후에 보증기관 채무가 대위변제 되면 그때 추가해 달라고 요청하면 됩니다. 이 경우 대위변제 시점에서 다시 90일을 연체할 필요가 없습니다. 이미 90일 이상 연체가 되어 대위변제가 되었기 때문에 대위변제 되자마자 바로 개인워크아웃 신청을 하면 됩니다.

18. 구상권 채무

　채무를 대신 변제해 준 사람이 채권자를 대신하여 채무 당사자에게 반환을 청구할 수 있는 권리를 구상권이라고 합니다. 개인파산이나 개인회생에서 구상권 채무는 불법행위 정도에 따라 면책을 받지 못할 수도 있지만 면책을 받을 수도 있습니다. 그래서 일단 구상권 채무도 채권자 목록에 넣는 것이 좋습니다. 그러나 개인워크아웃에서 구상권 채무는 채무조정 대상이 아닙니다. 구상권자가 신용회복위원회에 협약 가입한 보험회사일지라도 채무조정 대상이 아닙니다. 따라서 구상권 채무는 개인파산이나 개인회생으로 해결하든지 직접 구상권자와 채권협상을 통해 해결해야 합니다.

19. 사행성 채무

개인파산의 경우 도박, 주식, 코인 등에 투자하여 발생한 채무는 면책받기 어렵습니다. 그 금액이 전체 채무액 가운데 미미한 수준이라면 면책이 가능할 수도 있습니다. 개인회생의 경우 사행성 채무가 있더라도 인가가 날 수 있습니다. 단, 법원에 따라 변제 기간이나 변제율을 늘리라고 요구하거나, 100% 변제를 요구할 수도 있습니다. 개인워크아웃의 경우에는, 그 채무가 신용회복위원회와 협약에 가입한 금융회사 채무인지가 중요합니다. 대출금의 사용처는 자세히 보지 않습니다. 따라서 사행성 채무이더라도 개인워크아웃 신청이 가능합니다.

20. 채권자 누락

개인파산의 경우 채권자가 누락된 사실을 발견했다면 채권자집회 전에 채권자 목록을 수정할 수 있습니다. 그러나 면책을 받은 후에 누락된 사실을 발견했다면 '면책확인의 소' 또는 '청구이의의 소'를 제기하여 면책을 받아야 합니다. 고의로 누락된 경우가 아니라면 면책을 받을 수 있습니다.

개인회생의 경우 인가결정 전까지 채권자 목록 수정이 가능합니다. 그러나 인가결정 후에는 수정이 불가하므로 누락된 채권을 별도 상환하거나 그 금액이 크다면 개인회생을 다시 신청할 수밖에 없습니다. 개인워크아웃의 경우에는 언제든지 신청하여 채권자를 추가할 수 있습니다.

21. 연체 정보

개인파산은 면책되면 연체 정보가 삭제됩니다. 개인회생은 인가결정이 나면 연체 정보가 삭제됩니다. 개인워크아웃의 경우에는 채무조정이 확정되면 연체 정보가 삭제됩니다. 채무조정 확정은 개인워크아웃을 신청하고 채권자 동의를 받은 다음에 이루어집니다. 신청에서 확정까지 약 2개월이 소요되므로 개인워크아웃의 경우에는 신청 후 2개월 후에 연체 정보가 삭제됩니다. 신속 채무조정이나 프리워크아웃의 경우에는 연체 정보를 등록하지 않기 때문에 별도 삭제 절차가 필요 없습니다.

22. 공공 정보

개인파산은 면책 받으면 연체 정보는 삭제되지만 파산면책을 받았다는 공공 정보가 새로 등록됩니다. 그 공공 정보는 5년이 지나야 삭제됩니다. 개인회생은 인가를 받으면 연체 정보는 삭제되지만 개인회생 중이라는 공공 정보가 등록됩니다. 그 공공 정보는 면책을 받아야 삭제됩니다. 개인워크아웃은 채무조정이 확정되면 신용회복 중이라는 공공 정보가 등록됩니다. 그 공공 정보는 채무조정 확정 후 2년이 지나야 삭제됩니다.

23. 재신청 횟수

개인파산은 면책을 받은 후 7년이 지나야 신청이 가능합니다. 개인회생 면책을 받은 사람은 5년이 지나야 개인파산신청이나 개인회생 신청이 가능합니다. 기간만 경과한다면 횟수의 제한은 없습니다. 개인워크아웃은 완납하였다면 기간이나 횟수의 제한 없이 재신청이 가능합니다.

24. 압류의 해제

개인파산은 면책을 받으면 압류를 해제할 수 있습니다. 개인회생은 인가결정을 받으면 압류를 해제할 수 있습니다. 개인워크아웃은 채무조정 확정 후 채권자에게 통장 압류 해제나 채무불이행자명부 말소 요청을 해야 합니다. 그러나 의무사항은 아니어서 채권자가 거절하면 채무조정 된 금액을 완납한 후에 요청할 수밖에 없습니다. 전체 계좌 잔고의 합의 185만 원 이하인 경우에는, 대부분 통장 압류는 해제해 줍니다.

5장

추심과 강제집행

가압류란 무엇인가요?

가압류란, 금전채권 또는 금전으로 환산할 수 있는 채권에 대하여 채권자가 소송을 진행하는 사이에 채무자의 재산이 처분되어 강제집행이 불가능하게 되거나 이행이 곤란하게 될 경우를 대비하기 위한 제도입니다. 채권자가 미리 채무자의 재산을 압류하여 채무자 재산의 현상을 유지하고 변경을 금지함으로써 향후 진행할 강제집행을 보전하는 절차를 말합니다.

어떤 재산을 가압류할 수 있나요?

채권자는 채무자의 부동산, 자동차, 건설기계, 항공기, 선박, 유체동산, 채무자가 받은 채권, 특허권 등 무체재산권, 골프회원권, 주식 등에 가압류할 수 있습니다. 가전제품과 같은 유체동산의 경우에는 부부 가운데 누구에게 속한 재산인지 불분명하므로 부부 공유재산으로 보고 가압류를 할 수 있습니다.

부동산 가압류는 어떤 절차로 이루어지나요?

채권자는 금전채권을 보전하기 위하여 가압류 신청을 합니다. 신청은 채권자 주소지, 채무자 주소지, 물건 소재지 가운데 어느 법원에 신청해도 됩니다. 가압류 때문에 채무자가 피해를 볼 수도 있으므로 채권자는 현금을 공탁하거나 공탁보증보험증권을 제출해야 합니다. 법원에 가압류 신청서가 접수되면 법원은 채권자가 제출한 소명 서류를 심리하여 가압류를 결정합니다. 이때 채무자의 의견은 듣지 않으므로 채무자는 채권자가 가압류를 신청한 사실도 알 수 없습니다. 채권자의 담보제공이 받아들여지고 신청서에 문제가 없다고 판단되면 신청일로부터 일주일 정도 지나서 가압류결정이 납니다.

가압류결정이 나면 채권자는 부동산의 가압류 집행을 별도로 신청할 필요가 없습니다. 가압류결정을 한 법원에서 부동산 소재지 관할 등기소에 가압류결정정본 및 등기촉탁서를 송부하여 가압류 사실을 등기부에 기입하도록 합니다. 그래서 채권자 소유의 부동산 등기부에 가압류 사실이 기입됩니다. 채무자는 가압류결정이 난 후에야 가압류결정문을 받게 됩니다.

자동차나 건설기계의 가압류는 어떤 절차로 이루어지나요?

채권자는 가압류 신청서를 작성하여 가압류할 자동차나 건설기계가 있는 곳의 관할 시·군·구청에 등록세와 교육세를 납부합니다. 법원에서는 채권자가 제출한 서류만 심리하여 가압류 여부를 결정합니다. 가압류결정은 채권자가 담보를 제공한 날로부터 3일 안에 이루어집니다. 가압류결정이 나면 자동차나 건설기계 등록원부에 가압류 사실이 등록되고 이때부터 가압류 효력이 발생합니다.

부동산 가압류는 어떤 효력이 있나요?

가압류가 집행되면 해당 부동산은 사실상 매매, 증여, 저당권이나 질권의 설정 등 처분행위를 할 수 없습니다. 가압류 후에 저당권이 설정되더라도 저당권자는 앞선 가압류권자에게 우선 변제권을 주장하지 못합니다. 설사 가압류된 부동산이 양도되어 소유자가 바뀌더라도 가압류 효력은 그대로 유지됩니다. 그래서 가압류한 채권자는 확정 판결문이나 확정된 지급명령을 받은 후에 부동산을 강제경매 신청할 수 있습니다. 가압류를 해놓으면 다른 채권자가 경매를 진행하는 경우에도 배당을 받을 수 있습니다. 그리고 가압류는 채권소멸시효를 중단시키는 효력이 있습니다.

억울하게 가압류를 당했다면 어떻게 해야 하나요?

채무자는 채무가 소멸되었거나 존재하지 않는 경우 가압류결정에 이의 신청서를 제출할 수 있습니다. 또한 가압류의 취소나 변경 사유가 있다면 가압류 취소 신청을 할 수 있습니다. 채무자가 가압류 취소 신청을 했는데 채권자가 정해진 기간 내에 서류를 제출하지 않는다면 법원은 가압류를 취소합니다.

부동산 가압류를 어떻게 해제하나요?

부동산 가압류를 해제하려면 채무를 모두 변제하고 채권자에게 가압류를 해제해 달라고 요청하면 됩니다. 아니면 채권자들이 납득할 만한 공탁금을 건 다음에 해제 요청할 수 있습니다. 보통 이런 경우에는 법원에서 채무자에게 현금공탁을 요구합니다.

채권자가 가압류를 하고 3년 안에 본안 소송을 제기하지 않으면 가압류 해제 신청을 할 수 있습니다. 부동산이 가압류된 상태에서 신용회복위원회 채무조정이 확정되면 변제금을 납입하면서 가압류가 된 지 3년이 지난 시점에서 가압류를 해제 신청하면 됩니다.

부동산이 가압류된 상태에서 개인회생을 신청하면 금지명령으로 본 압류와 경매를 방지할 수 있습니다. 개인회생 인가결정이 난 후에 법원에서 인가결정문, 확정증명원 등의 서류를 발급받아 가압류를 풀 수 있습니다.

2. 집행권원

집행권원이란 무엇인가요?

채권자는 마음대로 채무자의 재산을 압류하거나 강제집행할 수 없습니다. 채권자는 합법적으로 강제집행을 하여 청구권을 실현시켜야 하는데 이때 필요한 문서가 집행권원입니다.

집행권원에는 어떤 것이 있나요?

① 확정 판결: 채권자가 민사소송을 제기하여 최종적으로 확정된 종국판결을 말합니다.

② 확정된 지급명령: 채권자는 채무자가 변제하지 않거나 지연시킬 때 지급명령을 신청합니다. 채무자가 14일 내 이의신청을 하지 않으면 지급명령이 확정됩니다.

③ 확정된 이행권고결정: 채권자가 소액사건(3,000만 원 이하)의 소송을 제기한 경우 법원에서는 채권자의 청구 취지대로 채무자가 이행하도록 권고합니다. 채무자가 14일 내에 이의신청을 하지 않으면 이행권고결정이 확정됩니다.

④ 조정조서: 조정 담당 판사나 법원의 조정위원회에서 분쟁 당사자의 의견을 듣고 조정의 내용을 담아 작성한 조서 형식의 문서입니다.

⑤ 소송상의 화해조서: 당사자가 서로 양보하여 분쟁을 해결한 다음에 소송상의 화해의 내용이 기재된 조서를 말합니다.

⑥ 제소 전 화해조서: 제소하기 전에 화해 신청을 하여 당사자가 판사 앞에서 화해한 내용이 기재된 조서를 말합니다.

⑦ 확정된 화해권고결정: 판사는 소송절차에서 모든 사정을 참고하여 화해권고결정을 할 수 있습니다. 이 결정에 이의가 없으면 확정됩니다.

⑧ 공정증서: 채무자가 강제집행을 인정하고 승낙하는 취지를 기재한 공정증서는 집행권원이 됩니다.

공증이란 무엇인가요?

공증이란, 공증인이 특정 사실이나 법률관계의 존부를 공적으로 증명하는 행위를 말합니다. 공증은 공증인가를 받은 합동법률사무소와 법무법인, 임명된 공증인에게서 받을 수 있습니다. 금전소비대차나 어음, 수표 등 일정한 금전 지급을 목적으로 하는 법률행위를 공증해 놓으면 재판절차를 거치지 않고 집행문을 부여받아 강제집행을 할 수 있습니다.

지급명령이란 무엇인가요?

지급명령이란 채권자가 금전 등의 지급을 청구하는 경우 법원에서 채권자의 청구 취지에 일치하는 목적물의 지급을 명령하는 재판입니다. 법원은 채권자의 지급명령 신청이 있으면 채무자를 심문하지 않고 채무자에게 지급명령을 할 수 있습니다. 소송절차보다 신속하고 저렴하게 처리할 수 있어 채권자들이 많이 신청하고 있습니다.

채무자는 지급명령에 어떻게 대응해야 하나요?

채무자는 지급명령을 송달받은 날로부터 2주 이내에 이의신청을 해야 합니다. 이의신청을 하는 방법은 간단합니다. '지급명령에 대한 이의신청서'를 법원에 제출하면 됩니다. 양식은 법원 홈페이지에서 출력할 수 있으며 법원 창구에서 받을 수 있습니다. 이의신청서만 제출하고 답변서를 제출하지 않으면 법원은 답변서를 제출하라는 보정명령을 내립니다. 답변서는 지급명령을 송달받은 날로부터 30일 이내에 제출해야 합니다. 만약 답변서를 제출하지 않으면 법원은 변론을 거치지 않고 원고 승소판결을 내릴 수 있습니다. 답변서에 개인회생이나 개인워크아웃 같은 채무조정 신청을 했거나 신청할 예정이라고 작성해도 됩니다.

채무자가 이의신청서와 답변서를 제출하면 지급명령은 효력을 잃고 본안 소송으로 들어갑니다. 본안 소송으로 들어가면 최종 판결이 날 때까지 2~3개월 이상 소요됩니다. 채무자가 지급명령에 이의신청 한 이유가 단순히 시간을 벌기 위해서라면 본소송에 참석할 필요는 없습니다. 어차피 참석해도 패소할 것이기 때문입니다.

이의신청을 전자소송으로 할 수 있나요?

전자소송으로 이의신청을 할 수 있습니다. 대법원 전자소송에 접속하여 좌측상단에 '서류제출'을 클릭합니다. 그리고 '민사서류'를 클릭하고 '지급명령(독촉)신청'을 클릭한 다음에 '지급명령이의신청서'를 클릭하여 작성하면 됩니다.

채권 압류 및 추심명령이란 무엇인가요?

채권자는 집행문이 부여된 집행권원을 확보하면 채무자의 재산을 압류하고 추심하기 위해 법원에 채권 압류 및 추심명령을 신청합니다. 압류 및 추심명령의 효력이 발생하면 채권자는 그 명령서를 가지고 압류된 채권을 제3 채무자로부터 받을 수 있습니다. 법원은 제3 채무자는 매매대금 등을 채무자에게 지급해서는 안 된다는 지급금지명령을 내립니다. 법원은 압류 채권자가 제3 채무자에게 압류가 된 채권을 청구할 수 있는 권한인 추심명령을 내립니다. 그러면 채권자는 제3 채무자로부터 압류가 된 채권을 수령하여 채권회수에 충당할 권한을 갖게 됩니다.

채권자는 채권을 추심하면 바로 가져가는 것이 아니라 집행법원에 추심 신고를 해야 합니다. 채권 추심 신고 전까지 다른 채권자가 압류, 가압류, 배당 요구를 할 경우 채권자는 추심한 금액을 공탁해야 하며 법원은 배당 절차를 실시해야 합니다.

3. 재산명시와 재산조회

채권자가 재산명시 신청을 하면 어떻게 해야 하나요?

채권자가 집행권원을 확보했다고 하더라도 채무자가 채무를 변제하지 않거나 채무자의 재산을 정확히 모른다면 채권을 회수하기 힘듭니다. 그런 경우 채권자는 재산명시를 신청합니다. 법원은 채권자의 재산명시 신청이 타당하다고 판단되면 결정을 내리고 채무자에게 재산 상태와 재산 처분 상태를 명시한 재산목록을 제출하라고 명령합니다. 이 명령을 채권자와 채무자에게 송달합니다.

채무자는 재산명시 명령을 송달받으면 명시기일에 출석해야 합니다. 출석하지 않으면 감치될 수 있습니다. 채무자는 명시 기일에 출석하여 인적사항과 강제집행의 대상이 되는 재산목록을 제출해야 합니다. 그리고 재산명시 명령이 송달되기 1년 이내에 부동산 유상양도, 부동산 이외의 유상양도, 재산명시 명령이 송달되기 2년 이내에 재산을 무상 처분한 사항을 기재하여 제출해야 합니다.

채권자는 재산조회 신청을 어떻게 하나요?

재산명시 절차가 끝난 후에 채무자가 출석하지 않았거나, 재산목록 제출을 거부한 경우, 선서를 거부한 경우, 허위 재산목록을 제출한 경우에는 채무자가 제출한 재산목록만으로는 재산을 정확하게 파악하기 힘듭니다. 그런 경우 채권자는 채무자 명의의 재산에 대해 조회를 신청할 수 있습니다. 재산명시 신청을 거쳐야 재산조회 신청이 가능합니다.

재산조회 요구를 받은 공공기관, 금융기관, 단체 등은 정당한 사유 없이 거절할 수 없습니다. 재산조회를 신청한 채권자는 조회 대상 기관이 제출한 재산 내역을 등사 등을 통해 받아볼 수 있습니다. 예를 들면, 채권자는 토지. 건물의 소유권은 법원행정처에 요청하고, 건물의 소유권은 국토교통부에, 자동차의 소유권은 한국교통안전공단에, 계좌는 금융기관에, 보험해약환급금은 보험회사에 재산조회를 신청합니다.

4. 채무불이행자 등록

어떤 경우에 채무불이행자로 등록되나요?

채권자가 지급명령 등 집행권원을 받았는데도 채권회수를 못 하면 채무자를 채무불이행자명부에 등재하도록 신청할 수 있습니다. 집행권원이 확정된 후 6개월 내에 채무변제를 이행하지 않거나, 채무자가 정당한 사유 없이 재산명시 기일에 불출석하거나, 재산목록 제출이나 선서를 거부할 때 신청할 수 있습니다.

법원에서 채무불이행자 명부 등재를 결정하면 법원, 전국 관청, 은행연합회, 한국신용정보원 등에 등록됩니다. 채무불이행자 명부에 등재되면 신용점수가 많이 낮아지고 신용대출이 힘들어집니다. 신용카드는 정지되고 신규발급도 안 됩니다. 휴대전화 단말기 할부도 제한됩니다.

채무불이행자 명부를 말소하려면 어떻게 해야 하나요?

채무 금액이 500만 원 이하인 경우에는, 채무를 변제하고 말소 신청을 하면 해제됩니다. 그러나 채무 금액이 500만 원을 초과한 경우에는, 채무를 90일 이내에 변제를 하지 못하면 90일을 초과한 일수만큼 해제일로부터 기록이 보관됩니다.

채무를 상환하지 않았더라도 채무불이행자 명부 등재 후 10년이 경과하면 법원이 직권으로 말소합니다. 개인회생 인가결정을 받거나 파산면책을 받은 경우에는 말소 신청을 할 수 있습니다. 개인워크아웃의 경우에는 채무조정 확정 후 채권자에게 해제 요청할 수 있습니다. 이때 법 비용은 채무자가 부담해야 합니다.

5. 통장 압류

통장 압류에 어떻게 대비해야 하나요?

1금융권은 본점을 압류하면 전국 지점이 모두 압류됩니다. 예를 들면, 하나은행에 압류 신청하면 전국 모든 하나은행 지점이 압류됩니다. 그러나 새마을금고, 신협, 수협, 단위 농협 등 제2금융권은 중앙회를 압류한다고 해서 모든 지점이 압류되는 것이 아닙니다. 채무자가 거래하는 거래 지점을 알아야 그 지점을 압류할 수 있습니다.

그래서 가능한 2금융권 통장을 발급 받아 사용하면 압류를 당할 확률이 적습니다. 하지만 2금융권의 통장도 결국엔 채권자가 재산조회 등을 통해 압류할 수 있으므로 가능하다면 타인 명의의 통장을 사용하는 것이 좋습니다.

통장 압류를 풀 수 있는 방법이 있나요?

채권자는 집행권원을 얻으면 집행문을 발급받아 압류를 진행합니다. 보통 통장 압류를 많이 진행합니다. 통장이 압류되면 입출금을 할 수 없습니다. 통장 압류를 풀려면 채무자 통장 전체의 잔고가 185만 원 이하여야 합니다. 185만 원까지는 압류가 금지되기 때문입니다. 채무자 통장 전체 잔고가 185만 원 이하인 경우 법원에 '압류금지채권 범위변경신청'을 해야 합니다. 신청서는 법원에 있습니다. 신청서에 채권자, 채무자, 제3채무자(통장 압류된 은행), 신청 사유 등을 기재해야 합니다.

신청서 외에 계좌정보통합관리서비스(payinfo.or.kr)에서 본인의 모든 계좌 현황을 출력해야 합니다. 1금융권에 직접 방문하여 발급해도 됩니다. 그리고 법원에서 발송한 채권 압류 및 추심명령서, 압류된 통장의 최근 1년간 거래내역서, 본인의 소득이나 상황 등을 알 수 있는 기초생활수급자 증명서, 소득금액 증명원 등을 첨부합니다. 보통 법원 민원실 옆에 은행 창구가 있는데 그곳에서 인지대와 송달료를 납부하고 영수증을 받아 신청서와 준비한 서류를 제출하면 접수가 됩니다.

서류에 이상이 없으면 0000년 타기0000 식으로 사건번호가 부여됩니다. 판사는 서류를 검토하고 타당하다고 판단하면 인용결정을 내립니다. 그리고 결정정본은 신청자인 채무자, 채권자, 압류한 은행 등에 발송합니다. 인용 결정이 나오는 데까지 보통 일주일 정도 걸리지만 법원에 따라 한 달 이상 걸리는 경우도 있습니다. 법원 결정문을 받은 채무자는 은행 창구를 방문하여 출금을 요구하면 됩니다. 그러나 이때 현금으로 찾을 수 없고 본인 명의 다른 계좌로 이체 받아 출금해야 합니다. 압류를 해제하여 돈을 출금한 뒤 나중에 통장이 다시 압류되면 '압류금지채권 범위변경 신청'을 다시 해야 합니다.

압류방지 통장에는 어떤 것이 있나요?

기초생활수급자이거나 장애인, 한부모가정도 압류방지 통장을 만들어서 생계비, 주거비, 장애인 수당, 자녀 양육 수당이 압류되는 것을 방지할 수 있습니다. 실업급여, 공무원연금, 산재보상비, 자영업자나 소상공인의 노란우산 공제, 국민연금, 기초연금, 퇴직연금, 주택연금, 농지연금, 장병의 급여도 압류방지 통장을 만들어 압류를 방지할 수 있습니다. 아무 은행에 가서 대상자임을 증명하는 서류를 제출하고 압류방지 통장을 만든 후 관할 관청에 통장 변경을 요청하면 됩니다.

6. 급여 압류

급여 압류는 어떻게 진행되나요?

급여 압류는 채권자가 채무자의 회사를 제3 채무자로 지정해서 회사에서 나오는 급여에 압류를 신청하는 것입니다. 채권자는 법원에서 지급명령 같은 집행권원을 확정 받은 후에 법원에 압류를 신청합니다. 법원에서 압류가 결정되면 법원은 압류결정문을 제3 채무자인 회사에 발송합니다. 압류결정문이 회사에 도착하는 순간 급여 압류의 효력이 발생합니다. 압류결정문이 회사에 도착할 때까지 채무자는 그 사실을 미리 알 수는 없습니다.

급여는 얼마나 압류되나요?

급여 전액을 압류하지는 않습니다. 185만 원까지는 압류할 수 없으므로 실수령액 기준으로 185만 원 초과 금액만 압류합니다. 정확히 말하면 급여가 185만 원 이하이면 압류되는 금액은 없습니다. 급여가 185만 원에서 370만 원 사이라면 급여에서 185만 원을 제외하는 금액이 압류됩니다. 급여가 370만 원에서 600만 원 사이라면 급여의 절반이 압류됩니다.

급여 압류를 미리 피할 수 있는 방법이 있나요?

회사와 협의하여 급여를 현금으로 받거나 가족 명의 계좌로 받을 수 있다면, 급여가 입금되는 통장 압류를 피할 수는 있습니다. 하지만 회사가 본인 명의 계좌로만 급여를 입금해 주어야 한다면 개인회생이나 신용회복위원회 채무조정을 빨리 신청하는 것이 좋습니다. 개인회생을 신청해서 금지명령을 받으면 추심이나 압류가 금지되기 때문입니다. 개인워크아웃을 신청하면 다음 날부터 역시 추심이나 압류가 금지됩니다.

급여 압류가 된 다음에 어떻게 대처해야 하나요?

급여 압류가 되었다면 신용회복위원회에 채무조정을 신속하게 신청하기 바랍니다. 채무조정을 신청하면 회사에서는 더 이상 압류된 급여를 채권자에게 송금해서는 안 됩니다. 채무조정이 확정된 후에 제3 채무자인 회사는 압류가 해제되면 적립된 급여를 신용회복위원회에 송금하겠다는 확약서를 제출합니다. 이를 채권자가 확인하고 압류를 풀어줍니다. 그리고 회사는 압류하였던 급여를 신용회복위원회에 일괄 송금하고 신용회복위원회는 채권자들에게 안분해 줍니다.

하지만 급여를 압류한 채권자가 단독 채권자인 경우 신용회복위원회 채무조정을 거절할 가능성이 큽니다. 이런 경우 신용회복위원회 채무조정을 이용할 수 없으며 개인회생을 신청하거나 채권자와 협의하여 채무를 변제하고 압류를 풀어야 합니다. 개인회생을 신청해서 중지명령을 받으면 급여 압류가 중지됩니다. 그동안 압류한 급여는 개인회생 인가결정 후에 채무변제에 사용됩니다.

7. 보험금 압류

보험계약자, 피보험자, 수익자의 차이는 무엇인가요?

계약자는 보험회사와 계약을 체결하고 보험료를 납부하는 사람입니다. 보험계약자는 피보험자와 보험수익자를 지정할 권리가 있습니다. 보험 기간 중에 보험수익자와 피보험자를 변경할 권리와 해지환급금을 청구할 권리도 있습니다. 피보험자는 보험사고 발생의 대상이 되는 사람입니다. 보험수익자는 보험금을 청구할 권리를 가진 사람입니다. 계약자가 피보험자 이외의 사람을 보험수익자로 지정하거나 변경하는 경우에는 피보험자의 동의가 필요합니다.

보험금도 압류가 되나요?

계약자가 채무자일 때 임의해약, 실효, 만기로 인한 환급금과 중도납입금은 계약자의 채권으로 압류가 가능합니다. 단, 150만 원 초과분만 압류할 수 있습니다. 수익자가 채무자인 경우 보장성보험 중 의료실비 보장 부분은 실손해 보험이므로 전액 압류가 금지됩니다. 단, 의료실비 외 진담금 등 특약 부분은 절반만 압류가 금지됩니다. 사망보험금은 1,000만 원 초과분만 압류할 수 있습니다. 보험이 압류되면 약관대출이 불가합니다.

8. 연금 압류

국민연금도 압류가 되나요?

국민연금 수령액이 185만 원 이하인 경우에는 압류가 금지됩니다. 그러나 국민연금을 일반통장으로 수령하면 압류될 수 있습니다. 압류를 방지하기 위해서는 국민연금 안심통장을 개설해야 합니다. 국민연금 수령액이 185만 원을 초과한다면 안심통장과 일반통장 두 개를 개설해야 합니다. 안심통장에는 185만 원만 입금되고 일반통장에는 185만 원 초과분이 입금됩니다. 안심통장의 누적 잔고가 185만 원을 초과하더라도 압류는 되지 않습니다.

안심통장을 개설하려면 은행을 방문하여 신분증, 국민연금 수급자 확인서, 안심통장 개설 신청서를 제출해야 합니다. 통장이 개설되면 국민연금공단에 계좌변경 신청을 해야 합니다.

주택연금은 압류가 되나요?

주택연금도 수령액이 185만 원 이하인 경우에는 압류가 금지됩니다. 그러나 주택연금을 일반통장으로 수령하면 압류될 수 있습니다. 압류를 방지하기 위해서는 주택연금지킴이 통장을 개설해야 합니다. 주택연금 수령액이 185만 원을 초과한다면 안심통장과 일반통장 두 개를 개설해야 합니다. 주택연금 지킴이 통장의 누적 잔고가 185만 원을 초과하더라도 압류는 되지 않습니다.

주택연금지킴이 통장을 개설하려면 주택금융공사에서 주택연금 전용 계좌 이용 대상 확인서를 발급받아 은행에 주택연금지킴이 통장 개설 신청을 해야 합니다. 통장이 개설되면 주택금융공사에 계좌변경 신청을 해야 합니다.

퇴직연금은 압류가 되나요?

퇴직금은 적립금의 절반까지 압류가 됩니다. 그러나 퇴직연금은 특별법에 의해 전액 압류가 금지됩니다. 단, 퇴직연금이 IRP계좌에 가입되어 있어야 압류를 방지할 수 있습니다. IRP계좌는 은행이나 보험사, 증권사에서도 가입이 가능합니다.

9. 임차보증금 압류

임차보증금은 어떻게 압류하나요?

채권자는 채무자가 임차하고 있는 부동산의 등기부등본을 발급받아 등기 명의자를 제3 채무자로 하여 채권 압류 및 추심명령을 신청합니다. 이렇게 해서 채무자의 임차보증금을 압류하는데, 보통 채무자는 임차보증금을 압류당하면 월세를 내지 않아 임차보증금에서 차감하게 합니다.

10. 압류금지 재산 및 채권

압류할 수 없는 재산에는 어떤 것이 있나요?

① 채무자 및 채무자와 같이 사는 친족의 생활에 필요한 의복, 침구, 가구, 부엌기구, 그 밖의 생활필수품은 압류가 금지됩니다. 그러나 텔레비전, 냉장고, 세탁기, 에어컨, 전기 청소기 등 가전제품은 한 개밖에 없더라도 압류가 가능합니다.

② 채무자의 생활에 필요한 2개월분의 식료품, 연료 및 조명 재료는 압류가 금지됩니다.

③ 채무자의 생활에 필요한 1개월분의 생계비 185만 원은 압류가 금지됩니다.

④ 자기 노동력으로 농업을 하는 사람에게 없어서는 안 되는 농기구, 비료, 가축사료, 종자 등은 압류가 금지됩니다.

⑤ 자기 노동력으로 어업을 하는 사람에게 없어서는 안 되는 고기잡이 도구, 어망, 미끼, 새끼 고기 등은 압류가 금지됩니다.

⑥ 전문직 종사자, 기술자, 노무자, 정신적 또는 육체적 노동을 하는 사람에게 없어서는 안 될 제복, 도구, 그 밖에 이에 준하는 물건은 압류가 금지됩니다.

⑦ 채무자 또는 그 친족이 받은 훈장, 포장, 기장, 그 밖에 이에 준하는 명예증표 등은 압류가 금지됩니다.

⑧ 채무자의 일상생활에 필요한 안경, 보청기, 의치, 의수족, 지팡이, 장애 보조용 바퀴의자, 그 밖에 이에 준하는 신체보조기구 등은 압류가 금

지됩니다.

⑨ 장애인용 경차는 압류가 금지됩니다.

⑩ 소방시설, 경보기구, 피난시설 등은 압류가 금지됩니다.

⑪ 현금화를 해도 집행비용 외에 남는 돈이 없다면 압류가 금지됩니다. 처분할 수 없는 것도 압류가 금지됩니다.

압류할 수 없는 채권에는 어떤 것이 있나요?

① 법령에 규정된 부양료 및 유족 부조료는 압류할 수 없습니다.

② 채무자가 구호사업이나 제3자의 도움으로 계속 받는 수입은 압류할 수 없습니다.

③ 병사의 급료는 압류할 수 없습니다.

④ 급료, 연금, 봉급, 상여금, 퇴직금, 그 밖에 이와 비슷한 성질을 가진 급여채권의 절반에 해당하는 금액은 압류할 수 없습니다. 단, 그 절반에 해당하는 금액이 185만 원에 미치지 못하는 경우에는 185만 원까지 압류할 수 없습니다. 근로자의 퇴직연금은 특별법에 의해 전액 압류할 수 없습니다.

⑤ 주택임대차보호법에 따라 우선변제를 받을 수 있는 금액은 압류할 수 없습니다.

⑥ 생명, 상해, 질병, 사고 등을 원인으로 채무자가 지급 받는 보장성보험의 보험금(해약환급 및 만기환급금을 포함)은 압류할 수 없습니다. 다만, 압류금지의 범위는 생계유지, 치료 및 장애 회복에 소요될 것으로 예상되는 비용을 고려하여 대통령령으로 정합니다.

⑦ 채무자가 1개월 동안 생계유지에 필요한 예금 185만 원은 압류할 수

없습니다.

소액임차인은 어떤 경우에 해당하나요?

주택 소액임차인에 해당 여부는 지역마다 보증금 액수에 따라 다릅니다.

① 서울특별시는 보증금이 1억 6,500만 원 이하인 경우에 5,500만 원까지 보호받습니다.

② 수도권정비계획법에 따른 과밀억제권역(서울 제외), 용인시, 화성시, 김포시, 세종시는 보증금이 1억 4,500만 원 이하인 경우에 4,800만 원까지 보호받습니다.

③ 광역시(과밀억제권역과 군 지역 제외), 안산시, 광주시, 파주시, 이천시, 평택시는 보증금이 8,500만 원 이하인 경우에 2,800만 원까지 보호받습니다.

④ 기타 지역은 보증금이 7,500만 원인 경우에 2,500만 원까지 보호받습니다.

다만 기준시점은 임대차계약 체결일자가 아니라 담보물권 설정일자 기준입니다.

배우자 재산을 압류할 수 있나요?

아무리 부부 사이여도 채무자의 배우자 재산을 압류할 수는 없습니다. 하지만 채무자 명의로 있던 재산이었는데 채권자의 강제집행을 피하려고 배우자 명의로 변경한 경우나 배우자가 채무자에게 부채가 있는 제3 채무자에 해당하는 경우에는 절차를 밟아 압류를 할 수 있습니다. 그리고 채무자와 배우자 공동 명의인 경우에 채무자 지분만큼 압류할 수 있습니다.

11. 추심대응 방안

채권자는 채무자의 주소를 어떻게 추적하나요?

채권자는 고객 정보를 통해 채무자의 주소를 알 수 있습니다. 채무자의 주소를 알 수 없는 경우에는 채권자는 확정 판결문, 확정된 지급명령, 주소보정명령서 등을 변호사나 법무사 사무실에 제시하고 이해관계사실증명을 받아서 채무자의 주민등록초본을 발급받을 수 있습니다. 또한 법원에 사실조회신청을 하여 채무자의 주소나 주민등록번호 같은 신상정보를 알 수 있습니다. 사실조회신청은 채무자의 휴대전화 번호, 차량번호, 계좌번호, 사업자등록번호 등을 알면 신청할 수 있으며 통신사, 관공서, 금융기관 등을 통해 채무자의 정보를 받아 볼 수 있습니다.

어떤 경우가 불법 추심에 해당하나요?

① 채권 추심업체는 수임 사실을 채무자에게 서면으로 통보해야 합니다. 서면 통지 없이 채권추심을 하면 불법입니다.

② 하나의 채권에는 하나의 추심업체만 있어야 합니다. 하나의 채권에 2개 이상의 추심업체에서 연락이 온다면 불법입니다.

③ 추심업체는 채무자의 가족에게 돈을 갚으라고 요구한다든지, 직장 동료에게 채무자의 채무에 대해 말하는 것은 불법입니다. 단지 채무자가 연락이 안 되거나 소재를 알 수 없을 때 문의할 수는 있습니다.

④ 폭행이나 협박은 당연히 불법입니다. 이런 경우 녹음하여 경찰에 고소할 수 있습니다.

⑤ 오후 9시부터 오전 8시 사이에 채무자를 방문하는 것도 불법입니다. 문자나 전화를 너무 자주 하거나 특히 야간에 너무 자주 하면 안 됩니다.

⑥ 결혼식장이나 장례식장에서 추심하면 안 되며, 전화할 때 수신자 부담으로 해서는 안 됩니다. 채무자가 채권 추심에 응하기 곤란할 때 추심하면 안 됩니다.

⑦ 채권추심 회사는 채권자를 위해 재산조사, 변제촉구 등을 대신할 뿐이므로 압류나 경매 등의 법적 조치를 취하겠다고 위협하는 것은 불법입니다.

불법추심에 어떻게 대응해야 하나요?

① 채권추심자의 신분을 확인합니다. 법원이나 경찰청 직원을 사칭하는 경우가 있으므로 신분확인을 해야 합니다.

② 채권추심의 내용과 자신의 채무가 일치하는지 확인합니다. 만약 일치하지 않는다면 채권추심을 중단하도록 요청합니다.

③ 자신의 채무가 추심제한 대상인지 확인합니다. 자신의 채무가 소멸시효가 완성되었는지 확인해 봅니다. 신용회복위원회에 채무조정을 신청했거나 개인회생을 신청해서 금지명령을 받았다면 채권추심을 할 수 없습니다.

④ 불법추심을 할 때 녹음이나 녹화하여 금융감독원이나 경찰서에 신고합니다. 신고할 때 증거물도 함께 제출합니다. 폭력행사 등 긴급한 상황에서는 바로 경찰서에 신고합니다.

⑤ 채권추심회사가 채무를 대납해 주겠다고 제의하면 거절합니다. 채무 대납을 해 주면서 각종 불법행위를 요구하는 경우가 많기 때문입니다.

내 채무 좀 해결해 주세요

⑥ 채무상환은 반드시 채권자의 계좌로 입금합니다. 채권자와 채권추심회사 간에 합의한 경우 채권추심회사 계좌에 송금할 수 있지만 이 경우에도 입금 전에 서면합의 여부를 확인해야 합니다.

⑦ 채무변제확인서는 5년 이상 보관합니다. 간혹 다시 추심이 이루어지는 경우가 있습니다.

⑧ 채권추심 과정을 상세하게 기록합니다. 추심업체에서 보낸 우편물을 잘 보관하고 채권추심 직원의 방문 사실, 통화 내역 등도 상세하게 기록해 둡니다.

채무자 대리인제도란 무엇인가요?

채무자가 변호사법에 따른 변호사 등을 자신의 대리인으로 선임하고 채권자에게 그 사실을 내용증명으로 보냅니다. 내용증명을 받은 채권자는 채무자에게 직접 연락해서는 안 됩니다. 채무자 본인에게 직접 연락하면 과태료가 부과됩니다. 단, 채무자 대리인제도는 대부업체만 해당됩니다. 은행이나 카드 회사는 해당이 안 됩니다. 상대적으로 채권 추심 강도가 심한 대부업체에만 적용한 것입니다. 그러나 이 제도는 채무자를 찾아오거나 연락을 못 할 뿐이므로 소송을 제기하거나 강제집행은 가능합니다. 그래서 일시적인 제도입니다.

채무부존재 확인소송이란 무엇인가요?

채무부존재 확인소송은 채권채무관계의 당사자 사이에 채권의 존재 여부에 대해 다툼이 있는 경우, 그중 한쪽이 상대방에 대하여 해당 채무가 존재하지 않음을 확인해 달라고 하는 민사소송입니다. 채무가 있다고 하더라도 과도한 이자를 부담하고 있거나 부수적인 채권을 정리하기 위해 제기합니다. 소송 시작과 동시에 과도한 채권추심뿐만 아니라 모든 추심 행위에 제동을 걸 수 있습니다. 소송으로만 가는 것이 아니라 변제가 가능한 금액으로 서로 조정도 가능합니다. 소송 중에 불법적인 추심행위에 대해서는 형사고소도 가능합니다.

법정최고이자는 얼마인가요?

이자제한법 제2조를 보면 금전대차에 관한 계약상의 최고이자율은 연 25%를 초과하지 아니하는 범위 안에서 대통령령으로 정한다고 되어 있습니다. 그래서 25% 이하의 범위에서 대통령의 령으로 이자를 정할 수 있는데, 2021년 4월 6일에 개정된 대통령령으로 법정최고이자를 연 20%로 정했습니다. 따라서 20%를 초과하여 이자를 받는 사람은 1년 이하의 징역 또는 1,000만 원 이하의 벌금에 처합니다.

법정이자는 민법 및 상법에 규정되어 있습니다. 채권의 이율은 약정이 없는 경우 연 5%, 상행위로 인한 채무는 상법의 적용을 받아 연 6%입니다. 연체이자율은 약정이자율과 마찬가지로 서로 합의에 의해 약정을 하는 것이 보통입니다. 연체이자율은 이자제한법상의 법정최고이율을 적용하지 않습니다. 그렇다고 터무니없이 높은 이자율을 약정한 경우는 법원에서 조정을 하기 때문에 적당한 선에서 약정하는 것이 좋습니다. 이자율 및 연체이자율을 정하지 않은 상태에서 연체가 된 경우라면 연체이자율도 법정이율인 5%가 적용됩니다.

소장이나 지급명령을 제출한 채권자에 대해서는 소송을 제기한 이후부터 연체에 따른 손해를 배상받을 수 있도록 법으로 정합니다. 2019년 6월

1일부로 시행한 대통령령에 따라 이 부분의 법정이자율은 연 12%입니다.

채무자가 법원에서 온 우편물을 받지 않으면 어떻게 되나요?

채무자가 법원 우편물을 받지 않는 경우에는 송달간주와 공시송달로 처리됩니다.

송달간주는 소송 중에 단 한 번이라도 송달받은 적이 있는 경우에 당사자가 해당 소송이 진행 중이라는 사실을 충분히 인지하고 있다고 보는 것입니다. 그래서 법원에서 서류를 등기로 발송한 날을 당사자가 송달받은 날로 간주합니다.

공시송달은 당사자가 주거 불명 등의 사유로 소송에 관한 서류를 전달하기 어려운 경우에 그 서류를 법원 게시판이나 신문에 일정 기간 게시함으로써 송달한 것과 같은 효력을 발생시키는 송달 방법입니다. 채권자는 채무자에게 일반송달, 특별송달, 야간송달 등을 해보고 송달이 안 되면 법원에 공시송달을 요청합니다.

12. 경매대응 방안

임의경매와 강제경매는 어떤 차이가 있나요?

임의경매란, 담보물권(저당권, 근저당권, 전세권, 유치권, 질권)을 제공하고 돈을 빌린 채무자가 변제기일까지 변제하지 못한 경우 채권자가 법원에 신청하는 경매입니다. 담보물권이 있기 때문에 집행권원이 필요하지 않습니다. 그러므로 소송 없이 바로 경매를 신청할 수 있습니다.

강제경매란, 담보물권이 없는 채권자가 법원에 소송을 제기하여 승소한 판결문과 집행권원을 부여받아서 채무자 소유의 부동산을 압류하고 법원에 경매를 신청하는 것입니다. 임의경매보다 절차와 시간이 더 소요됩니다. 미리 확보해 둔 담보물권이 없기 때문입니다. 개인 간의 거래나 금융기관의 신용거래 등이 해당합니다.

부동산 경매 절차는 어떻게 되나요?

① 개시결정 및 등기촉탁: 채권자가 부동산 경매를 신청하면 집행법원은 검토한 후 경매개시결정을 내립니다. 그리고 경매신청 사실을 등기부에 기입하도록 하고 채무자에게 경매개시결정정본을 송달합니다.

② 배당요구의 종기결정 및 공고: 법원은 배당요구 종기일을 결정합니다. 채권자는 배당요구 종기일까지 배당 신청을 합니다. 그리고 채권의 원금, 이자, 비용 등 채권 신고서를 제출합니다.

③ 현황조사: 경매개시결정이 나면 법원은 집행관에게 부동산의 현황, 점유 관계, 임차 사실, 임차보증금 등을 조사하게 합니다.

④ 입찰 준비: 경매집행 법원은 부동산을 평가하고 그 평가액을 참고하여 최저 입찰 가격을 정합니다. 최초 입찰기일은 신문과 인터넷 경매정보 사이트에 공고합니다. 법원이 입찰기일과 낙찰기일을 정하면 이를 이해관계인에게 등기우편으로 발송합니다. 등기우편이 발송된 시점에 송달된 것으로 간주합니다.

⑤ 입찰 실시: 입찰 참가자는 법원에 비치된 입찰표를 작성하고 보증금과 함께 입찰 봉투에 넣습니다. 집행관은 입찰 마감을 선언하고 개찰하여

최고가 매수 신고인과 차순위 매수 신고인을 결정합니다.

⑥ 낙찰 대금의 납부: 낙찰을 받은 사람은 납부명령서와 함께 낙찰 가격에서 입찰 보증금을 제한 금액을 은행에 납부합니다.

⑦ 소유권 이전등기, 부동산 인도명령: 낙찰자가 낙찰대금을 납부하면 부동산의 소유권을 취득합니다.

경매가 유찰되면 어떻게 하나요?

경매가 1회 유찰되면 최저 매각 가격이 20~30% 낮아집니다. 법원은 최저 매각 가격으로 우선 변제권자의 채권과 경매 절차 비용을 충당하고 나서 경매 신청자에게 배당될 금액이 없다고 판단할 경우 경매 신청자에게 이 사실을 통지합니다. 경매 신청자는 이 통지를 받은 날로부터 일주일 내에 우선 변제권자의 채권과 경매 절차 비용을 충당하고 남을 만한 가격으로 100% 보증금을 제공하고 매수 신고를 해야 합니다. 만약 매수 신고를 하지 않으면 법원은 경매 절차를 직권으로 취하합니다.

경매를 취소할 수 있나요?

임의경매를 취소할 때는 근저당 등 담보권이 설정된 피담보채권을 변제한 후에 취소할 수 있습니다. 담보권이 말소된 등기부등본과 경매개시이의신청서, 경매절차정지 신청서를 법원에 제출합니다. 단, 경매를 취소하고 싶으면 채무액뿐만 아니라 경매를 신청한 채권자가 이미 지불한 경매비용도 변제해야 합니다. 매수인이 잔금을 납부해 버리면 부동산에 대한 소유권이 넘어간 것이므로 잔금을 납부하기 전에 취소해야 합니다.

강제경매를 취소할 경우에는 채무를 변제한 뒤 청구에 관한 이의의 소를 제기합니다. 소를 제기했다는 증명원을 발급하여 집행정지 신청을 하고 소를 제기한 법원에서 강제집행정지 결정을 받은 후 경매법원에 결정문을 제출해야 합니다.

유체동산 경매 절차는 어떻게 되나요?

유체동산 압류 집행일이 정해지면 집행관은 채무자의 거주지를 방문하여 압류를 진행합니다. 흔히 빨간딱지라고 부르는 압류 딱지를 붙입니다. 채무자가 집에 없더라도 열쇠수리공을 데리고 가서 강제로 문을 열어 압류를 진행할 수 있습니다. 빨간딱지를 훼손하거나 숨기면 처벌받을 수 있습니다. 하지만 압류가 되었다고 해도 사용은 가능합니다. 유체동산 압류 후에 2주 정도 지나면 경매를 진행하는데 경매 날짜가 정해지면 채무자에게 미리 통보합니다. 경매에는 보통 중고물품을 거래하는 사람이 참여하는데 가장 높은 가격을 부르는 사람에게 낙찰됩니다.

유체동산 경매를 막을 수 있는 방법이 있나요?

유체동산 경매를 신청한 채권자와 협의하여 채무의 일부라도 변제한다면 채권자가 경매를 취소할 수도 있습니다. 유체동산 경매는 채무자를 압박하는 수단이므로 어느 정도 성의를 보인다면 취소해 줄 수 있습니다.

만약 압류된 유체동산이 채무자 본인 소유가 아닌 타인 소유라면, 소유자는 제3자 이의의 소를 제기하여 자신의 재산임을 입증하면 경매를 막을 수 있습니다. 다만 제3자 이의의 소는 집행절차를 정지하는 효력이 없으므로 소 제기 시에 집행정지신청을 해야 합니다. 압류된 유체동산이 렌탈 제품이라면 렌탈 계약서 등을 제시하여 경매 진행을 막을 수 있습니다.

채무자 배우자에게는 우선매수청구권과 지급요구권이 있습니다. 배우자라는 신분을 증명할 주민등록등본과 가족관계증명서를 지참하고 경매 당일에 경매 장소에 있어야 합니다. 배우자는 낙찰자가 제시한 금액의 절반 수준으로 우선 매수할 수 있습니다. 그 자리에서 바로 매수해야 하므로 미리 현금을 가지고 있어야 합니다. 매수하지 않겠다면 낙찰 가격의 절반을 지급하도록 요구할 수 있습니다. 그 자리에서 바로 요청해야 합니다. 배우자가 유체동산을 우선 매수하면 배우자 소유가 되므로 동일물품을 다시 압류하거나 경매 진행할 수 없습니다.

경매 배당 순위는 어떻게 되나요?

① 1순위: 경매집행비용

② 2순위: 소액임차보증금(주택, 상가건물), 최종 3개월분의 임금과 3년간의 퇴직금 및 재해 보상금, 소액임대차보증금 채권과 최종 3월분의 임금

③ 3순위: 집행의 목적물에 대하여 부과된 국세 및 지방세와 그 가산금

④ 4순위: 저당권 설정 전에 국세 및 지방세의 법정기일이 도래한 국세 및 지방세와 가산금

⑤ 5순위: 국세 및 지방세의 법정기일 전에 설정된 저당권에 의하여 담보되는 채권 및 확정일자가 있는 임대차 보증금(주택, 상가건물)

⑥ 6순위: 2순위에 해당하는 임금, 퇴직금 등을 제외한 임금, 기타 근로관계로 인한 채권

⑦ 7순위: 저당권보다 후순위의 국세, 지방세 등 지방자치단체 징수금

⑧ 8순위: 국세, 지방세 다음 순위로 징수하게 되는 공과금(국민건강보험료, 산업재해보상보험료, 국민연금 등)

⑨ 9순위: 일반 채권자의 채권

13. 연체관리

연체 정보는 언제 등록되나요?

일반적으로 연체 정보는 90일 이상 연체하면 신용정보원에 등록됩니다. 90일 미만의 연체는 신용정보원에 등록되지는 않지만 신용평가회사인 나이스나 KCB에 단기연체 정보로 등록될 수 있습니다. 10만 원 이상의 금액을 5영업일 이상 연체하면 금융회사와 신용평가회사에서 연체 정보를 서로 공유합니다. 단기연체는 연체일수가 30일 이상 90일 미만이며, 장기연체는 연체일수가 90일 이상입니다.

연체하면 휴대전화도 사용하지 못하나요?

다른 채무가 연체 중이어도 휴대전화 요금이 연체 중이 아니라면 계속 사용할 수 있습니다. 회생이나 파산을 신청해도 계속 사용 가능합니다. 그러나 휴대전화 요금이 연체 중이라면 계속 사용하기 힘듭니다. 보통 휴대전화 요금을 2개월 미납하면 발신정지, 3개월 미납하면 수신정지, 4개월 미납하면 직권해지를 하기 때문입니다.

개인회생 인가결정이 나거나 개인파산 면책결정이 나면 법원에서 한국신용정보원에 연체 정보를 삭제하라고 지시하기 때문에 휴대전화를 개통할 수도 있습니다. 그러나 서울보증보험 채무를 갚지 않은 이력이 있다면

내 채무 좀 해결해 주세요

단말기 할부 이용이 힘들 수도 있습니다. 그런 경우 휴대전화를 현금으로 구입하거나 기존에 사용하던 휴대전화를 사용할 수밖에 없습니다. 본인 명의로 개통이 힘든 경우에는 선불폰 유심칩을 구입해서 사용하는 방법도 있습니다.

신용카드를 연체하면 어떻게 되나요?

신용카드를 하루 연체했다면 신용등급에 큰 영향이 없습니다. 4일 정도 연체하면 전화나 문자는 오겠지만 아직까지 신용에 큰 영향은 없습니다. 하지만 5영업일 이상 연체되면 연체 상황을 금융기관과 신용평가회사에서 공유할 수 있습니다. 카드 사용이 정지될 수 있으며 신용점수도 하락합니다. 신용평가회사에 단기연체자로 등록될 수 있습니다. 30일 이상 연체하면 대출이나 계좌 개설이 힘들 수 있습니다. 카드사에서 지급명령을 신청할 수도 있습니다. 90일 이상 연체되면 신용등급에 악영향을 미치며 지급명령에서 승소한 채권자가 재산, 통장, 급여 등을 압류할 수 있습니다.

연대보증인도 연체 정보에 등록되나요?

연대보증인은 연체 정보 등록 대상이 아닙니다. 다만 채권자인 금융기관이 법원의 판결을 받아서 연대보증인을 채무불이행자로 공공 정보에 등록하는 경우가 있습니다.

채무를 완납하면 연체 정보가 바로 삭제되나요?

한국신용정보원에서는 90일 이내 연체가 해제된 경우 연체 정보를 보관하지 않습니다. 그러나 90일 이상 연체되었을 경우 연체한 기간만큼 최장 1년간 연체했다는 정보를 보관합니다. 한국신용정보원과는 달리 신용평가회사는 채무를 완납해도 연체가 있었다는 정보를 바로 삭제하지는 않습니다. 단기연체 정보는 연체 해제일로부터 최장 3년 동안 보관하며, 장기연체 정보는 최장 5년까지 보관합니다. 은행에서는 한국신용정보원에서 제공하는 정보와 신용평가회사에서 제공하는 정보를 참고하여 고객 신용관리를 하고 있습니다.

세금이 체납되면 어떻게 되나요?

신용대출은 연체된 지 5영업일 이후에는 연체 정보가 등록됩니다. 그러나 세금은 체납되었다고 해서 바로 연체 정보가 등록되지 않습니다. 그러나 500만 원 이상의 세금이 1년 이상 체납되면 국세청에서 체납 정보를 신용평가기관에 제공하고 공공 정보 항목에 체납 사실이 등록됩니다. 그러면 신용점수가 많이 떨어지고 신규 대출이 힘들며 통장이나 부동산이 압류될 수 있습니다. 하지만 상환하면 일반대출보다 더 빨리 신용이 회복됩니다.

세금 체납 사실이 신용평가기관에 등록되어 있지 않더라도 세금을 체납하면 사업자 대출이나 보증서 대출을 받기 힘들어집니다. 왜냐하면 국세나 지방세 완납증명서를 제출해야 하는데 세금이 체납되면 이 서류 발급이 안 되기 때문입니다. 또 부동산 매매 시 세금 완납증명서를 제출해야 하기 때문에 부동산 매매 시 불리합니다.

14. 채권과 채무의 상속

채권자가 사망하면 채무는 어떻게 되나요?

채권자가 사망하면 사망한 사람의 배우자, 자녀, 부모, 4촌 이내의 친족의 범위 내에 있는 상속인이 채권도 상속받습니다. 승소 판결이 난 채권을 양도받아서 집행할 때는 판결문의 승계 집행문을 법원에서 발급받아야 합니다. 그러면 강제집행도 가능합니다. 채권의 상속인들이 한 사람에게 채권양도를 하는 경우 채권양도양수계약서를 작성하고 채무자에게 내용증명을 보내서 채권양도 사실을 통지해야 합니다.

법정 상속순위는 어떻게 되나요?

1순위: 배우자와 직계비속 → 직계비속은 피상속인의 아들, 딸, 손자, 손녀, 양자도 포함합니다.

2순위: 배우자와 직계존속 → 직계존속은 피상속인의 부모, 친조부모, 외조부모입니다.

3순위: 형제자매 → 이복형제도 포함합니다.

4순위: 사촌 이내 방계혈족 → 조카, 생질, 백부, 숙부, 고모, 이모 등 3촌과 4촌까지입니다.

5순위: 소정의 절차를 거쳐 국고에 귀속됩니다.

상속포기와 한정승인이란 무엇인가요?

상속포기란 피상속인의 권리와 의무 일체의 승계를 포기하는 것입니다. 상속포기는 상속인의 자격을 포기하는 것으로 처음부터 상속인이 아닌 것이 됩니다. 상속재산을 전부 포기한 것으로 인정됩니다. 재산은 상속받고 빚은 포기하는 일부 또는 조건부 포기는 허용되지 않습니다.

한정승인은 상속으로 취득하게 되는 재산의 한도 내에서만 사망자인 피상속인이 남긴 채무를 변제하는 조건으로 상속을 승인하는 것입니다. 즉 상속을 일단 받기는 하지만 피상속인이 남긴 빚은 상속받은 재산으로만 갚는다는 뜻입니다. 피상속인이 남긴 빚은 상속재산 범위 내로 한정되므로 피상속인이 남긴 재산과 채무 내역을 정확히 알기 어려울 때 효과적입니다.

피상속인이 사망하면 배우자와 자녀 가운데 한 명은 한정승인 해야 합니다. 그렇지 않고 모두 상속포기를 하면 차 순위 상속인에게 상속됩니다. 상속인이 상속재산을 처분하거나 은닉 또는 부정적인 소비를 한 경우, 고의로 상속재산을 재산목록에서 누락시키는 경우에는, 피상속인의 재산과 채무를 모두 상속받는 단순 승인으로 간주합니다.

15. 채권소멸시효

채권소멸시효는 어떻게 되나요?

개인 간 거래처럼 민사 채권은 소멸시효가 10년입니다. 구상권 채무도 10년입니다. 은행이나 카드사에서 대출을 받은 상사 채권은 5년입니다. 임금 채권이나 물품대금 채권은 3년입니다. 그러나 어떤 채권이든지 소송을 제기해서 승소하면 그 시점부터 10년으로 늘어납니다. 예를 들어 은행에서 대출을 받아 4년이 경과한 시점에서 은행이 지급명령을 신청하여 확정됐다면 소멸시효가 10년으로 늘어납니다. 또 원금이나 이자를 계속 낸다면 시효의 기산이 중단됩니다. 압류, 가압류, 가처분 등은 풀리기 전까지 시효의 기산이 중단됩니다.

어떤 경우에 채권소멸시효가 중단되나요?

채권자가 민사소송을 제기하거나 지급명령 등을 신청하면 소멸시효가 중단됩니다. 채권자가 압류나 가압류, 가처분 등을 신청해도 소멸시효는 중단됩니다. 채권자가 임의경매를 신청해도 소멸시효는 중단됩니다. 채무자가 승인을 해도 소멸시효는 중단됩니다. 승인이란 채무자가 변제계획서를 수령하는 경우, 채무 일부를 변제하는 경우, 채무 확인서나 채무변제 확약서에 서명하는 경우, 부채증명서를 발급하는 경우 등 어떠한 방법이든 자기의 채무를 인정하는 것입니다.

채권자가 재판 이외 방법으로 채무자에게 채무를 변제하라고 청구하게 되면 청구일로부터 6개월 동안은 소멸시효가 중단됩니다. 그런데 채권자가 6개월 내에 소송, 압류, 가압류, 파산절차 참가, 화해를 위한 소환 등 법조치를 하지 않으면 소멸시효 중단의 효력은 없어집니다.

소멸시효가 완성된 채무를 변제하면 어떻게 되나요?

소멸시효가 완성된 채무를 추심하는 것은 불법입니다. 소멸시효가 완성되었다면 채권자에게 소멸시효가 완성되었다는 내용증명을 보내는 것이 좋습니다. 소멸시효가 완성된 후 일부라도 변제한다면 채무가 다시 살아날 수 있습니다.

16. 자동차 처분

저당권이 설정된 자동차를 어떻게 처분하나요?

저당권이 설정되었더라도 매수인이 자동차 매매계약서상에 저당권을 안고 매수하겠다는 의사표시를 하면 매도는 가능합니다. 그러나 채무는 매도자가 계속 상환해야 합니다.

저당권자에게 차를 넘겨 공매를 진행하고 싶다면 저당권자에게 차량을 반납하겠다는 의사를 표시합니다. 저당권자가 시간과 날짜를 지정하고 채권자가 탁송기사를 보내 주거나 직접 차량을 가져갑니다. 그러면 차량을 건네주면 됩니다. 차량을 반납하면서 계약서를 작성하여 제출합니다. 계약서에는 대출금을 변제하기 어려워 본인 차량의 소유권을 포기하겠다는 내용이 포함됩니다. 차량이 공매 처분되고 남은 채무는 담보 채무가 아닌 신용 채무가 됩니다.

자동차 멸실 인정을 받으려면 어떻게 해야 하나요?

자동차가 사실상 존재하지 않는데도 차량등록원부에 등록되어 있으면 자동차세 등을 계속 납부해야 하는 문제가 발생합니다. 이런 경우에는 멸실 인정 신청을 하여 인정을 받아야 합니다. 멸실 인정을 받으려면 법령상 환가 가치가 없다고 간주되어야 합니다. 차령이 승용차는 11년 이상, 승합차는 10년 이상 경과해야 합니다. 그리고 최근 3년간 운행한 사실이 없어야 합니다. 즉 3년간 신호위반, 속도위반, 주정차위반, 통행료 미납 등 위반사실이 없어야 합니다. 또 최근 3년간 보험에 가입한 기록이나 자동차 검사 등의 기록이 없어야 합니다.

저당권이 설정되고 압류까지 된 차량을 폐차할 수 있나요?

차량에 저당권이 설정되고 압류가 되었어도 차령이 일정 기간(승용차는 11년 이상)을 초과했다면 폐차가 가능합니다. 일단 본인의 차량이 폐차가 가능한지 차량등록사업소나 시·군·구청에 문의한 다음에 가능하다는 답변을 받으면 아무 폐차장이나 가서 차를 입고시킵니다. 입고시키면서 압류와 저당권이 설정된 차량이라고 말을 해 주어야 합니다. 이때 차량등록증과 신분증 등 필수서류를 제출합니다. 그러면 폐차장에서 해당 관청에 신고합니다.

신고를 접수한 관청은 저당권을 설정한 채권자에게 이의가 있는지 문의합니다. 약 6주 안에 저당 설정권자에게서 답변이 없으면 폐차를 진행합니다. 폐차장 입고부터 말소까지 약 45~60일 정도 소요됩니다. 말소될 때까지 책임보험은 유지하여야 합니다. 폐차가 되었다고 해서 압류금액이 없어지는 것이 아닙니다. 차를 구매하면 자동으로 이전됩니다. 저당권을 설정한 채무도 없어지는 것이 아니라 갚아야 합니다. 그리고 말소까지는 책임보험을 유지해야 과태료가 나오지 않습니다.

17. 보증 채무

보증에는 어떤 종류가 있나요?

보증에는 연대보증, 단순보증, 지급보증 등이 있습니다. 연대보증은 주 채무자와 연대하여 채무를 부담하는 것으로 주 채무자와 동일한 채무변제 의무가 있습니다. 단순보증은 주 채무자가 채무를 변제하지 않는 경우에 채무를 변제할 책임을 집니다. 지급보증이란 은행 등 금융기관이나 신용보증기금 등 보증기관, 공제조합 등에서 채무 지급을 보증하는 것입니다.

보증인이 대신 채무를 변제한 경우 어떻게 해야 하나요?

보증인이 주 채무자를 대신하여 채무를 변제하면 주 채무자에게 구상권이 생깁니다. 단순보증인뿐만 아니라 연대보증인도 대위변제한 금액을 주 채무자에게 청구할 수 있습니다. 특히 연대보증인의 경우에는 다른 연대보증인에게 구상권이 생깁니다. 예를 들어 채무가 1억이고 연대보증인이 5명인 경우, 연대보증인 1명이 1억을 모두 변제했다면 별도 약정이 없는 한 다른 연대보증인 4명에게 각각 2,000만 원의 구상권을 갖습니다.

주 채무와 연대보증 채무는 어떤 연관성이 있나요?

주 채무가 상환 등으로 소멸하면 연대보증 채무도 소멸합니다. 주 채무의 소멸시효가 완성되어 소멸하면 역시 연대보증 채무도 소멸합니다. 주 채무의 시효가 중단되면 연대보증 채무의 시효도 중단됩니다. 그러나 주 채무자가 파산면책을 받거나 개인회생 면책을 받았더라도 연대보증인의 변제 의무는 그대로 남아 있습니다.

18. 물적담보

물적담보에는 어떤 종류가 있나요?

물적담보에는 법정담보물건인 유치권과 약정담보물건인 저당권, 질권, 양도담보, 가등기담보, 담보권 등이 있습니다.

① 유치권: 타인의 물건 또는 유가증권을 점유한 사람이 그 물건이나 유가증권에 관해 생긴 채권을 변제받을 때까지 그 물건이나 유가증권을 유치할 권리입니다.

② 저당권: 채권자와 담보제공자가 저당권 설정계약을 체결하고 저당권 설정등기를 완료하면 성립하는 권리입니다.

③ 근저당권: 계속되는 거래관계에서 발생하는 채권을 담보하기 위해 채권최고액을 정하고 장래 채권이 확정될 때에 채권최고액까지 담보가 되도록 설정하는 것입니다.

④ 질권: 채권자와 질권설정자 간에 질권설정 계약을 체결하고 질권설정자에게서 담보의 목적물을 인도받아 변제가 완료될 때까지 유치함으로써 채무이행을 간접적으로 강제하는 동시에 채무가 변제되지 않는 경우에는 그 담보물건의 환가액에서 다른 채권자보다 우선하여 변제받을 수 있는 권리입니다.

⑤ 양도담보: 채권담보의 목적으로 채권자와 담보제공자 간에 담보제

공자의 물건을 채권자에게 양도하고 채무자가 채무를 이행하지 않으면 그 물건에서 채무를 변제받기로 하는 계약을 체결하여 성립합니다.

⑥ 가등기담보: 채권을 담보하기 위해 가등기담보 계약을 체결하고 소유권이전청구권을 보전하기 위해 가등기한 담보입니다.

⑦ 담보권: 동산이나 채권을 등기에 의해 담보로 설정하는 것입니다.

19. 채권자 변동

채무변제를 위한 채권 양도는 어떻게 하나요?

채무자가 채권자에게 변제하기 위해 자신의 채권을 양도한 경우, 채권자는 채무자뿐만 아니라 제3 채무자에게도 채권을 회수할 수 있습니다. 채권 양도의 방법에는 채권자가 채권 양수인이 되고 채무자가 채권 양도인이 되어 채권양도 계약을 체결하고 제3 채무자가 이를 승낙하는 방법이 있고, 양수인과 양도인이 채권양도 계약을 체결하고 채무자가 제3 채무자에게 채권양도 사실을 통지하는 방법이 있습니다.

오래된 채무의 채권자 변동현황을 어떻게 알 수 있나요?

① 독촉장을 잘 모아놓았다면 채권자가 언제 어느 회사로 바뀌었는지 알 수 있습니다. 채권을 인수하게 되면 법적으로 고객에게 통보를 해야 하기 때문입니다.

② '한국신용정보원' 사이트에 접속하여 '본인신용정보열람서비스'를 클

릭하고 '채권자변동정보'를 클릭하면 본인 채무가 어느 채권사로 매각되었는지 조회됩니다. 그러나 정확히 나오지는 않습니다. 단지 조회된 자료를 참고만 하면 됩니다.

③ 한국자산관리공사에서 부채증명서를 발급해 봅니다. 많은 채권이 한국자산관리공사로 매각되고 있으므로 한국자산관리공사 부채증명서는 필수적으로 발급받아야 합니다. 발급 방법은 먼저 검색창에 '온크래딧(https://www.oncredit.or.kr)'을 입력하고 접속합니다. 상단의 '증명서 발급'을 클릭하고 '부채증명원신청'을 클릭합니다. 인증을 하고 신청을 하면 됩니다.

④ 채권자는 소멸시효를 연장시키려고 주기적으로 소송을 진행합니다. 그러므로 '나의 사건검색'을 조회하여 나에게 소송을 건 채권자를 확인해 보고 채권자에게 전화를 해서 채권이 있는지, 채권을 매각했다면 어디로 매각했는지 확인해 보아야 합니다.

본인의 대출현황은 어떻게 조회하나요?

계좌정보통합관리서비스(https://www.payinfo.or.kr)를 검색하여 해당 홈페이지로 이동합니다. 상단에 '대출정보조회'를 클릭하고 공동인증서로 인증하면 본인의 대출현황을 조회할 수 있습니다.

구글플레이어나 앱스토어에서 토스어플을 다운받아 대출항목을 클릭하고 본인 인증을 하면 대출현황 조회가 가능합니다. 카카오톡 어플을 실행한 다음에 카카오페이를 클릭하고 신용 조회 진행을 하면 대출현황 조회가 가능합니다.

그러나 오래된 채무인 경우 대출현황이 조회되지 않는 경우가 많습니다. 그런 경우에는 나의 사건검색을 통해 나에게 소송을 제기한 채권자를 파악해서 지금도 채무가 있는지, 채권자가 어떻게 변동되었는지 직접 확인해 보아야 합니다.

20. 벌금

벌금 미납으로 계좌가 압류되면 어떻게 해야 하나요?

벌금 미납으로 계좌가 압류된 경우 벌금을 납부하고 해당 벌금을 징수하는 검찰청 징수계에 연락해서 압류해제를 요청해야 합니다.

벌금을 납부하지 않으면 어떻게 되나요?

벌금형이 확정되고 약식명령서를 받으면 일주일 내 이의제기를 해야 합니다. 이의제기가 없으면 벌금을 내야 하는데 납부하지 않으면 재차 지로용지가 발송됩니다. 계속 미납하면 출국 금지, 지명 수배, 유치장 노역을 할 수 있습니다. 그러므로 반드시 납부해야 합니다. 기초생활수급자, 장애인 등 사회취약계층은 분할 납부를 신청할 수 있습니다. 500만 원 이하의 벌금이 확정된 사람 가운데 경제능력이 없다면 납부 대신 사회봉사 명령을 신청할 수 있습니다.

내 채무 좀 해결해 주세요

ⓒ 양정수, 2024

초판 1쇄 발행 2024년 7월 11일

지은이   양정수
펴낸이   이기봉
편집   좋은땅 편집팀
펴낸곳   도서출판 좋은땅
주소   서울특별시 마포구 양화로12길 26 지월드빌딩 (서교동 395-7)
전화   02)374-8616~7
팩스   02)374-8614
이메일   gworldbook@naver.com
홈페이지   www.g-world.co.kr

ISBN   979-11-388-3203-8 (03320)